Dagmar Kohlmann-Scheerer

Gestern Kollege – heute Vorgesetzter

So schaffen Sie den Rollentausch

Führung, Motivation,
erfolgreiche Kommunikation

FALKEN

Ihr Wegweiser durch dieses Buch

Kapitel 6

*Ihr Aufgabenbereich
ist gewachsen. Damit
Sie nicht in Arbeit er-
trinken, müssen Sie
lernen loszulassen.
Doch was lässt sich
delegieren, was nicht?*

Auch Delegieren will gelernt sein 146

6

Situationsanalyse: Wo stehen Sie derzeit?

Dieses Buch geht ganz konkret auf den Rollenwechsel vom Kollegen zum Vorgesetzten ein. Damit Sie zielstrebig jene Buchpassagen ansteuern können, die für Ihre individuelle Situation wichtig sind, gibt Ihnen diese Situationsanalyse einen Überblick zum Thema sowie darüber, wo welche Fragestellungen behandelt werden.

Jeder der folgenden Frageblöcke bezieht sich auf ein Kapitel des Buches. Kreuzen Sie jeweils eine oder mehrere der möglichen Antworten an. So finden Sie heraus, wie groß Ihre Vorkenntnisse sind und mit welchen Themen Sie sich noch näher beschäftigen sollten.

Übrigens: Am Ende jedes Kapitels finden Sie einen detaillierten Aktionsplan, mit dem Sie Ihre konkreten Schritte ökonomisch planen können!

Die für Sie wichtigen Informationen finden Sie:
Seite 17 – 41 ◀
(Kap. 1)

1. Rollenwechsel: Gestern Kollege – heute Vorgesetzter

Sie sind gerade befördert worden und damit Chef früherer Kollegen. Bislang hatten Sie keine Zeit, sich über mögliche Probleme dieses Positionswechsels Gedanken zu machen. *(Fettnäpfe gilt es zu erkennen!)*

Sie sollen in Kürze zum Gruppenleiter/Abteilungsleiter befördert werden. Sie freuen sich, doch etwas unwohl ist Ihnen schon: Wie werden die Kollegen reagieren, wie wird sich der Wechsel auf die freundschaftlichen Beziehungen auswirken? *(Vermutlich knirscht es.)*

▶Seite 27 – 28, 31 – 36 (Kap. 1.4 + 1.6)

Sie sind bereits mehrere Wochen in der neuen Position. Ihre Exkollegen verhalten sich plötzlich abweisend oder ziehen nicht mehr richtig mit – und Sie wissen gar nicht, weshalb. *(Wie kommen Sie aus dieser üblen Lage wieder heraus?)*

▶Seite 17 – 27, 29 – 36 (Kap. 1.1, 1.2, 1.3, 1.5, 1.6)

2. Führungserfahrung generell

Dies ist Ihr erster Führungsjob und Sie haben sich bislang weder theoretisch noch praktisch mit den Inhalten von »Führung« vertraut machen können. *(Es wird also höchste Zeit, sich gründlich in die Materie einzuarbeiten!)*

▶Seite 42 – 63 (Kap. 2)

Sie haben bereits kleinere Führungsaufgaben übernommen. Nun möchten Sie konkreter wissen, wie man die Mitarbeiter am besten führt, ob Sie ein zielgeleitetes Führungsverhalten bereits beherrschen und wo mögliche Gefahren lauern. *(Denn Sie werden merken: Leicht ist dieses »Geschäft« nicht.)*

▶Seite 42 – 54 (Kap. 2.1)

In Sachen Mitarbeiterführung sind Sie schon relativ fit. Doch Sie befürchten Schwierigkeiten mit Ihrem nächsthöheren Vorgesetzten und möchten wissen, wie die »Führung nach oben« funktioniert. *(Denn wenn er »mauert«, haben Sie schlechte Karten.)*

▶Seite 55 – 58 (Kap. 2.2)

3. Kommunikationsverhalten

Gespräche führen, das kann doch wohl jeder – dachten Sie bislang. Doch nun, als frisch gebackene Führungskraft, möchten Sie die Regeln effizienter Kommunikation lernen. *(Sie werden sehen: Damit erreichen Sie schneller Ihr Ziel.)*

Sie haben schon oft erlebt, dass Gespräche und Diskussionen ins »Unfreundliche« eskalieren. Und möchten nun genauer wissen, welche unfairen Taktiken da zum Zuge kamen und wie man ihnen begegnen kann. *(Denn Sie wollen doch zu positiven Gesprächsergebnissen gelangen, oder?)*

Sie haben sich das Ziel gesteckt, die Meinung Ihres Gegenübers stets ernst zu nehmen und auf faire Weise Ihre Interessen durchzusetzen oder ein Problem zu lösen. Doch wie funktionieren faire Dialektik und partnerbezogene Gesprächsführung im Detail? *(Sie werden sehen: Faire Kommunikation bringt Ihnen viele Pluspunkte bei Ihren Mitarbeitern!)*

4. Kritikverhalten

Bislang haben Sie sich mit dem Thema Kritiküben nicht näher auseinander gesetzt. Doch als Führungskraft werden Sie öfter in die Rolle des »Kritisierers« schlüpfen müssen. Höchste Zeit, sich generell mit der Materie zu beschäftigen! *(Positive Reaktionen Ihrer Mitarbeiter werden der Dank sein!)*

Sie kennen es aus eigener Erfahrung: Nicht selten ruft Kritik verletzte Gefühle hervor. Doch was genau geht in dem Kritisierten vor? Wieso kommt es zu keiner positiven Veränderung? *(Achtung: Wenn ein Mitarbeiter »dicht macht«, wird seine Leistungsbereitschaft erst einmal nachlassen!)*

Sie möchten anhand von konkreten Beispielen und Übungen erfahren, wie man Kritik so vorbringen kann, dass etwas Positives bewirkt wird. Und Sie wollen sich die Spielregeln für Kritikgespräche aneignen. *(Solch faire Kritik kann äußerst motivierend auf die Mitarbeiter wirken!)*

▶ Seite 108 – 119 (Kap. 4.2 + 4.3)

5. Mitarbeitermotivation

Viel Erfahrung im Motivieren anderer Menschen besitzen Sie noch nicht. Deshalb möchten Sie sich nun allgemein über diesen wichtigen Bereich Ihrer Führungsverantwortung informieren. *(Denn: Motivierte Mitarbeiter sichern den Abteilungserfolg und tragen viel zur Stärkung Ihrer Position bei.)*

▶ Seite 125 – 145 (Kap. 5)

Einige Ihrer Kollegen aus der Führungscrew behaupten, die Mitarbeiter bringe man nur durch Druck und/oder gezielte Anreize von außen zu guter Leistung. Andere wiederum setzen auf die Verstärkung des vorhandenen Engagements und meinen, Höchstleistung komme von innen heraus. Welche Strategie ist richtig? *(Sie werden sich wundern: Motivation ist ein komplexes Geflecht aus sehr verschiedenen Faktoren.)*

▶ Seite 126 – 136, 139 – 140 (Kap. 5.1, 5.2, 5.4)

Ihre Abteilung ist derzeit hoch motiviert. Doch Sie wissen, wie störanfällig solch ein Zustand ist. Ein einziger »Problemkandidat« kann alles gefährden. Sie möchten nun für den Fall der Fälle konkret wissen, wie man einen solchen Mitarbeiter anpackt. *(Werden Sie frühzeitig tätig, ehe es zu einem Motivationsknick der ganzen Abteilung kommt!)*

▶ Seite 136 – 139 (Kap. 5.3)

6. Delegieren von Verantwortung

Ihr Aufgabenbereich ist durch den Positionswechsel gewachsen. Sie wissen, dass Sie nun nicht mehr alles selbst erledigen können, und möchten sich deshalb möglichst schnell sämtliche »Basics« erfolgreichen Delegierens aneignen. *(So schaffen Sie sich von vornherein Freiräume für wirklich Wichtiges und für kreative Denkprozesse.)*

Ihre Erfahrungen in Sachen Delegieren sind unterschiedlich: Manchmal funktioniert es, manchmal nicht. Deshalb möchten Sie jetzt konkret wissen: Welche Aufgaben lassen sich überhaupt delegieren und wie vermeidet man Misserfolge? *(Sie werden sich von vielen Aufgaben trennen müssen, um nicht in Arbeit zu ertrinken!)*

Sie sind schon eine Weile »im Amt«. Und so langsam brechen Sie unter der Last eines überfüllten Schreibtisches zusammen. Jeden Tag aufs Neue nehmen Sie sich vor, etwas zu ändern. Doch Sie erfinden ständig neue Ausreden, warum nur Sie diese Aufgabe erledigen können. *(Machen Sie Schluss damit! Lernen Sie die Vorteile des Delegierens kennen!)*

7. Von Werten, Ängsten & Co.: Umgang mit dem »Mitarbeiter als Mensch«

Ihre Position erfordert oft viel Fingerspitzengefühl. Sie fragen sich deshalb: Worauf kommt es an im Umgang mit dem »Faktor Mensch«? Wie entstehen spezifische Bedürfnisse, Sichtweisen, Werte und Ängste? *(Das Wissen darum baut zeitraubenden Missverständnissen vor!)*

Sie haben schon öfter diese Erfahrung gemacht: Da sprechen Sie mit einem Mitarbeiter über eine spezifische Problematik und denken anschließend, alles sei geklärt und verstanden. Doch mitnichten! Auf sonderbare Weise scheint es zu einem Missverständnis gekommen zu sein. Woher resultiert das? (*Sie werden überrascht sein, wie stark unser Reagieren und Handeln von so genannten Prägungen bestimmt wird!*)

▶ Seite 157 – 161 (Kap. 7.1)

Sie haben schon einiges vom »Kostenfaktor Angst« und dem daraus resultierenden Schaden für die Wirtschaft gehört. Nun möchten Sie konkret wissen, wie Sie möglichen Ängsten bei Ihren Mitarbeitern erfolgreich begegnen können. (*Denn nur ein angstfreies Klima garantiert motivierte Mitarbeiter und damit letztendlich den Abteilungserfolg.*)

▶ Seite 161 – 167 (Kap. 7.2)

8. Führen mit Gefühl und Verstand

Bislang haben Sie sich kaum Gedanken darüber gemacht, inwieweit Ihr Handeln vom Gefühl oder vom Verstand bestimmt wird und ob Männer anders denken und führen als Frauen. Doch jetzt als Führungskraft werden Sie öfter mit dieser »Problematik« konfrontiert. (*Höchste Zeit also, sich mit dieser spannenden Materie zu beschäftigen!*)

▶ Seite 171 – 186 (Kap. 8)

In Sitzungen fällt Ihnen oft auf, dass manche Führungskräfte und Mitarbeiter extrem »verkopft« agieren, andere wiederum verstärkt die Gefühle sprechen lassen. Sie möchten nun wissen: Woraus resultieren diese Unterschiede? (*Sind wir Menschen also quasi Sklaven unseres Gehirns?*)

▶ Seite 171 – 178 (Kap. 8.1)

Seite 178 – 182
(Kap. 8.2)

»Ganzheitlich denken und handeln« lautet seit einiger Zeit die Maxime. Ihnen ist klar, dass dies auch und gerade für Führungskräfte gilt. Was zeichnet den erfolgreichen Vorgesetzten der Zukunft aus, über welche Qualitäten muss er verfügen? *(Befreien Sie sich von gängigen Klischees in Sachen Männer- und Frauenrolle und wagen Sie die Synthese!)*

9. Konfliktlösungsverhalten

Seite 187 – 203
(Kap. 9)

Bislang konnten Sie sich »irgendwie durchwurschteln«, wenn Probleme auftauchten. Jetzt ist´s an der Zeit, sich ernsthaft mit dem Thema Konflikte und deren effizientester Lösung zu beschäftigen. *(Schließlich geht´s jetzt um Ihren Erfolg als Führungskraft!)*

Seite 187 – 188,
192 – 195
(Kap. 9.1 + 9.3)

In Ihrer neuen Position mussten Sie bereits etliche Male als »Konfliktlöser« auftreten – mit gutem Erfolg. Doch nun möchten Sie etwas mehr über die Hintergründe von Konflikten erfahren: wie sie entstehen und welche sich überhaupt lösen lassen. *(Manchmal werden Sie mit einem Kompromiss vorlieb nehmen müssen!)*

Seite 188 – 192,
195 – 198
(Kap. 9.2 + 9.4)

Die grundlegenden Konfliktlösungsstrategien kennen Sie bereits aus Seminaren. Nun möchten Sie konkret wissen, wie man »Konflikt-Klassiker« wie Über-/Unterforderung eines Mitarbeiters, »Krieg« zwischen zwei Abteilungen, sich häufende Fehlzeiten etc. am besten in den Griff bekommt. *(Seien Sie versichert: Konflikte lauern überall!)*

Gestern Kollege – heute Vorgesetzter

Der Rollentausch – gestern noch Kollege, heute Vorgesetzter – löst bei den Exkollegen eine Flut von teilweise negativen Gefühlen aus, die nicht greifbar, aber dennoch spürbar sind. Ihr Verhalten als frisch gebackener Chef wird in den ersten Wochen und Monaten von allen Seiten mit Argusaugen beobachtet. Alles, was Sie tun, kommt auf den Prüfstand, Sie spüren einen hohen Erwartungsdruck. Hier die »berühmtesten« Fußangeln – und wie Sie ihnen entgehen.

Ziel des Kapitels: Sie lernen, aus dem Rollentausch resultierende Probleme zu erkennen und zu bewältigen

1.1 Fallstrick 1: Voreilige Versprechungen

FALLBEISPIEL

Gertrud L. lässt die Korken knallen – sie ist zur Leiterin der Buchhaltung aufgestiegen. Sie feiert mit ihren Exkollegen bei einem Glas Prosecco die Beförderung. In der sehr harmonischen Runde (alle freuen sich mit ihr) gelobt man sich, dass zwischen den jetzigen Mitarbeitern und ihrer Chefin alles beim Alten bleibt. Sie verspricht ihren früheren Kollegen fest in die Hand, dass sie sich für veränderte Arbeitszeiten stark machen wird. Schließlich hat sie jetzt ja mehr Einfluss.

Das Aus von oben kommt prompt: »Leider«, bedauert der Boss, »können wir im Moment in dieser Hinsicht nichts für Sie tun, denn

Auch geringfügige Veränderungen in Ihrem Team sind ernst zu nehmende Veränderungen!

Nicht eingehaltene Versprechungen bewirken Frust und Ablehnung bei den Mitarbeitern

wir planen in Kürze eine generelle Umstrukturierung der Kernzeiten, somit können wir vorab keine Zusagen für einen Teilbereich des Unternehmens machen. Bitte behalten Sie die Information für sich, das Projekt ist noch nicht spruchreif.«

Schluss mit den Plänen als frisch gebackene Chefin für die Mitarbeiter etwas zu bewirken. Zusätzlich noch die Verpflichtung zu schweigen …

Die Enttäuschung der Mitarbeiter ist deutlich spürbar. Immer öfter sitzt Gertrud L. außerhalb der Kernzeiten allein in ihrem Büro: keine Aufforderungen mehr, auf ein schnelles Bier nach Feierabend. Überhaupt fällt ihr auf, dass immer, wenn sie ihr früheres Büro betritt, plötzlich alles schweigt. Sie ist nicht mehr eingebunden in das, was die Mitarbeiter bewegt – sie fühlt sich isoliert.

Lange überlegt Gertrud L., ob sie ihre Exkollegen auf diesen Zustand ansprechen soll. »Aber was, wenn die alles abstreiten?« denkt sie im Stillen. »Beweisen kann ich es ihnen ja nicht, dass sie sich verändert haben.«Sie beschließt, erst einmal abzuwarten.

»Hallo, Frau L.«, fragt bei der nächsten Begegnung ihr Boss, »na, wie geht es unserer neuen Chefin? Alles im Griff? Bringen Sie ruhig ordentlich Schwung in die Abteilung, wir zählen auf Sie!«

Entweder sie versucht nun, wieder in engeren Kontakt mit den Exkollegen zu treten und nicht mehr Vorgesetzte, sondern guter »Kumpel« zu sein, damit ihre Isolation ein Ende hat. Oder sie fasst die ganze Gruppe mal ein bisschen härter an. Tenor: Schließlich hat sich unter der früheren Leitung der Buchhaltung ein gewisser Schlendrian eingeschlichen, da hat der Boss schon recht. Da sind schon ein paar ganz kräftige Veränderungen nötig.

Sie beschließt, am nächsten Morgen ihr »Team« zu sich zu rufen, um die Aufgaben neu und klar zu verteilen. Nicht zuletzt auch deswegen, um den Exkollegen zu zeigen, wer jetzt hier das Sagen hat. Es ist ihr zwar nicht wohl bei der Sache, aber so, wie die Stimmung bislang war, kann es auch nicht weitergehen.

Die Mitarbeiter trudeln langsam ein. Mit einem Ohr hört sie Bemerkungen wie »Das hat es früher nicht gegeben, da wurde alles am Arbeitsplatz besprochen, die will wahrscheinlich jetzt den Chef rauskehren.«

Ein Fehler: aus Unsicherheit allzu sehr den Chef herauszukehren

Autoritär Neue-
rungen durch-
setzen zu wollen,
das führt stets
in die Sackgasse

Guter Rat ist teuer. Frau L. – immer noch mit der Absicht alles »richtig« zu machen – wird langsam zornig. So ablehnend hatte sie sich ihre Mitarbeiterschaft nicht vorgestellt. »Gut«, sagt sie sich im Stillen, »wenn die Herrschaften so wenig Einsicht zeigen, ich kann auch anders!« Sie eröffnet also die Runde mit einem kühlen »Hallo, kommen wir gleich zur Sache«, erläutert kurz und knapp die Neuerungen, erstickt jede Kritik im Keim und schließt die Sitzung ebenso knapp mit dem Satz: »Ich hoffe, auch in Ihrem Interesse, dass wir in Zukunft gut zusammenarbeiten werden.«

Sie findet, dass die Mitarbeiter selbst schuld sind, dass sie so rigide vorgeht. Sie kann ja nichts dafür, dass sie nun auch in die »Geheimnisse« der Geschäftsleitung eingeweiht ist. Außerdem muss sie in Zukunft ihrem Vorgesetzten gegenüber Rechenschaft ablegen.

Tja, hier haben wir schon den ersten Konflikt: Was ist der bessere Weg: Despot oder Kumpel? Autoritär oder freundschaftlich?
Die Kernfragen lauten:

▶ Welcher Führungsstil ist der richtige?
▶ Was motiviert die Menschen?
▶ Was kann delegiert werden, was überfordert?
▶ Wie geht man mit Beschwerden aus dem Mitarbeiterkreis um?
▶ Wie werden Mitarbeitergespräche geführt? Wie Vier-Augen-Gespräche (Einzelkritikgespräche)?

Das größte Problem beim Wechsel vom Kollegen zum Vorgesetzten ist, dass unendlich viele *Gefühle* im Spiel sind. Da unsere Denkweise jedoch stark auf Daten und Fakten ausgerichtet ist, haben Gefühle wie Kummer, Neid, Angst vor dem Neuen, Angst vor Versagen etc. darin in der Regel keinen Platz. Man glaubt, alles mit Richtlinien lösen zu können; es müssen nur die *richtigen* Maßnahmen her und schon löst sich alles von alleine. Das heißt, dass zum Beispiel Störfaktoren nach der alten klassischen Methode behandelt werden: Ursache wird erkannt und an Ort und Stelle mit raschen, wirksamen Methoden behoben. Ist der Mitarbeiter der Störfaktor, so hat er sich so anzupassen, dass die Störung verschwindet.

Oberstes Gebot: (verletzte) Gefühle der Mitarbeiter ernst nehmen!

WISSENSWERT

Die Alexithymie (Reduktion der Fähigkeit, Gefühle zu empfinden) ist eine der gefährlichsten »Krankheiten« in den Führungsetagen der Unternehmen, denn dadurch werden Gefühle zu lösbaren »Sachproblemen« erklärt, die durch die allgemeine »Verkopfung« scheinbar leicht in den Griff zu bekommen sind.

Geben wir hingegen verletzten Gefühlen genügend Spielraum zu heilen, so schaffen wir ein Umfeld von Vertrauen und gegenseitiger Achtung. Dann ist die Gefahr, entweder Despot oder Weichei zu werden, umschifft. Klare Ziele können genannt und Teams, die diese Bezeichnung wirklich verdienen, gebildet werden.

Lösungsansatz

Drehen wir die Szene noch einmal zurück:

FALLBEISPIEL

Frau L. lässt die Korken knallen … Sie feiert mit ihren Exkollegen ihre Beförderung, alle freuen sich mit ihr.

Diesmal macht sie *keine* Versprechungen, sondern bittet ihre Mitarbeiter darum, sie bei eventuell anstehenden Umstrukturierungen zu unterstützen. »Klar«, hört sie von allen Seiten, »gemeinsam packen wir das schon!« Somit haben die Mitarbeiter das Gefühl, dass sie nach wie vor wichtig sind! Gertrud L. fühlt, dass die Exkollegen und sie am selben Strang ziehen. Die Feier endet fröhlich und in allgemein guter Stimmung.

Schaffen Sie ein Umfeld von Vertrauen und gegenseitiger Achtung!

Gertrud L. lässt sich Zeit, die Tagesabläufe zu beobachten und macht sich ihre Gedanken zu den bevorstehenden Umstrukturierungen. Bevor sie allerdings endgültige Entscheidungen trifft, bittet sie ihre Mitarbeiter um ein Treffen zum Thema Veränderung. Man einigt sich auf den kommenden Montag, 16 Uhr.

Da Frau L. das Thema und den Inhalt der Sitzung vorher bekannt gegeben hat, kommen die Mitarbeiter ohne Angst zum vereinbarten Termin. Frau L. erläutert ganz offen, was sie unter »notwendigen Veränderungen« versteht, und bittet um weitere Anregungen, wie das Ziel erreicht werden könnte. Klar: Nicht alle sind mit der gleichen Begeisterung dabei, die Skepsis ist teilweise noch fühlbar. Dennoch ist ein kreativer Aufwind zu spüren und man verabschiedet sich mit einer neuen Terminvereinbarung. Beim nächsten Treffen werden dann die neuen Ideen auf ihre Haltbarkeit geprüft.

Mitarbeiter sollten von vornherein in Veränderungsprozesse miteinbezogen werden

Durch ihr oben geschildertes Verhalten hat Frau L. eine gefahrvolle Klippe umschifft: nämlich die Mitarbeiter zu Schachfiguren zu degradieren, die lediglich ausführen, was man ihnen abverlangt. Jetzt entsteht ein offenes Klima, die Menschen fühlen sich ernst genommen und in den Prozess der Veränderung mit eingebunden. Gertrud L. hat sich (und der Abteilung) Zeit gelassen, in Ruhe über notwendige Veränderungen nachzudenken und die neuen Vorstellungen reifen zu lassen. Ein weiterer Gefahrenpunkt wurde somit ebenfalls umgangen: mangelnde Information und fehlende Transparenz. Was – wie wir anfangs sehen konnten – zu Gerüchten und Spekulationen führt: Die Fantasie der Beteiligten (und auch Nichtbeteiligten) wird regelrecht angespornt, sich allerlei Unsinn auszudenken. Mein Tipp: Lenken Sie diese Energien lieber auf lohnende Objekte!

Hätte sich Frau L. entschieden, ihre Umstrukturierungen von oben herab zu befehlen, dann wäre dies zwangsläufig auf Ablehnung gestoßen. Denn die wenigsten Menschen führen gerne Befehle aus, deren Sinn sie nicht erkennen. Frau L. kann sich jetzt, wo sie die erste Hürde mit Bravour gemeistert hat, langsam den 40 Prozent sachlichen Aufgaben und den 60 Prozent Führungaufgaben widmen, ohne durch fehlende Nähe bzw. offene Distanz aufgefressen zu werden.

Achtung: Fehlende Information und Transparenz fördert die Gerüchteküche!

Wer bei der Beförderung übergangen wurde, kooperiert nur selten mit dem neuen Chef

1.2 Fallstrick 2: Ein Mitarbeiter zieht nicht mit

FALLBEISPIEL

Am 1. Juli hat Uwe M. die Nachfolge von seinem ehemaligen Chef angetreten, der sich nun im wohlverdienten Ruhestand befindet. Er hat sich selbst ein wenig gewundert, dass die Wahl ausgerechnet auf ihn gefallen ist, da er zu den Jüngsten in der Abteilung gehört. Wenn es nämlich streng nach der »Rangfolge« gegangen wäre, hätte sein Kollege Richard den Posten bekommen müssen. Schließlich war Richard als Nachfolger immer mal wieder im Gespräch. Er ist schon 20 Jahre im Unternehmen und er, Uwe, war bei ihm in der Ausbildung. Richard hatte im Stillen fest damit gerechnet, dass er nun endlich befördert wird.

Uwe M. macht sich auf den Weg zur offiziellen Ernennung zum Gruppenleiter, sein nächsthöherer Vorgesetzter stellt ihn seinen jetzigen Mitarbeitern vor. Ein klein wenig aufgeregt ist Uwe M. schon, aber, Gott sei Dank, die meisten nehmen es gelassen zur Kenntnis, man kennt sich ja bereits aus früheren Zeiten. Richard verlässt allerdings kommentarlos den Raum.

Voller Vorfreude tritt Uwe M. ein wenig später an seinen neuen Arbeitsplatz. Er hat sich entschieden zunächst seinen Schreibtisch im Großraumbüro zu belassen. So ist er schnell in der Lage sich einen umfassenden Überblick zu verschaffen.

Bald stellt sich heraus, dass Richard schwierig wird. Er erkrankt als Erstes, dann macht er Dienst nach Vorschrift und liegt ständig auf der Lauer, um seinem ehemaligen Kollegen eventuelle Fehler nachweisen zu können. Weiterhin versucht er, Kollegen auf seine Seite zu ziehen, so nach dem Motto: »Wollt Ihr Euch tatsächlich von einem so jungen Spund etwas sagen lassen? Der hat doch kaum Erfahrung.« Sein Verhalten Uwe M. gegenüber ist nicht direkt unfreundlich, aber wenig kooperativ. Was deutlich spürbar ist: Das Klima in der Abteilung verschlechtert sich zusehends.

(Ehemalige) Freundschaften werden sich durch den Rollenwechsel verändern

Der typische Fall tritt ein: Ein fauler Apfel in der Kiste verdirbt die gesunden. Es entsteht dringender Handlungsbedarf seitens Uwe M. Was soll er tun?

1. Seinem nächsthöheren Vorgesetzten die Situation schildern und dann ein Dreiergespräch führen?
2. Die Sache zunächst auf sich beruhen lassen, damit Richard von alleine die Chance bekommt, sich wieder zu »normalisieren«?
3. Mit Richard reden?
4. Die Mitarbeiter durch neue Herausforderungen motivieren, um dadurch Begeisterung zu wecken, von der sich eventuell auch Richard anstecken lässt?

Um nichts zu überstürzen wägt er die verschiedenen Möglichkeiten zunächst in Ruhe gegeneinander ab.

Er verwirft Möglichkeit 1: Die Konfliktsituation würde durch das Gespräch mit dem Chef auf die nächsthöhere Ebene übertragen und das wäre nicht im Sinne seiner Führungsstrategien. Außerdem würde er dies als eigenes »Versagen« werten.

An Möglichkeit 2 knabbert er länger. Wie lange soll das »Auf-sich-beruhen-Lassen« dauern? In der Gruppe hat sich das Klima spürbar verschlechtert. Er muss also bald etwas tun.

Möglichkeit 3: Richard fragen, warum er sich so verändert hat? Und wenn er so tut, als benehme er sich wie immer? Gar nicht verstehen will, was man ihm sagt? Nein, Uwe M. entscheidet sich dagegen.

Lösungsansatz

Uwe M. wählt Möglichkeit 4: Begeisterung wecken. Den Menschen das Gefühl geben, sie zu brauchen. *Motivation* durch Herausforderungen, Ziele und neue Aufgaben! Richard könnte sich wieder wichtig fühlen und hätte so die Chance, seine Enttäuschung zu überwinden. Dadurch, hofft Uwe M., würde sich das Klima dann soweit verbessern, dass er mit Richard ein persönliches Gespräch über dessen Wünsche und Bedürfnisse führen könnte.

Er entscheidert sich also für Möglichkeit 4 und trennt sich von einigen vermeintlich wesentlichen Aufgaben, um sie an sein Team zu dele-

Mehr zum Thema Motivation finden Sie auf Seite 125 – 145

Übermäßiger Tatendrang des »Neuen« stößt oft auf Ablehnung

gieren. Er nennt Problemstellungen und bittet um Lösungsansätze. Er informiert über Ziele und bespricht einzelne Schritte, er entwickelt eine »Fehlerkultur«, in der die Mitarbeiter die Möglichkeit haben, angstfrei neue Ideen auszuprobieren. Er lässt Experimente zu. Kurz: Die Arbeit macht wieder Spaß!

1.3 Fallstrick 3: Neue Besen kehren gut

FALLBEISPIEL

Es ist bereits seit langem bekannt, dass Dirk Sch. am 1. 10. die Leitung des Callcenters übernimmt. Sein Vorgänger wurde ebenfalls befördert. Beide erreichen somit die nächste Stufe der Karriereleiter. Alle anderen haben es als selbstverständlich angesehen, dass Dirk Sch. die vakante Position übernimmt.

Dirk Sch. freut sich schon riesig auf den 1. 10., denn ab diesem Zeitpunkt kann er endlich die Organisation so gestalten, wie er sich das immer vorgestellt hat. Raus mit dem alten Muff, ein flotterer Ton am Telefon ist schon lange nötig! So wie die Schreibtische stehen, findet er auch nicht optimal – seiner mittendrin, er ist dann doch schließlich der Chef, da braucht er schon mehr Abstand und einen größeren Arbeitsplatz.

Das Gespräch mit seinem zukünftigen Chef hat ihn zwar ein bisschen gewundert, ließ dieser doch leichte Skepsis erkennen, ob die Gruppe unter Dirks Führung so viel Leistung erbringen würde wie unter einer »straffen« Führung von außen. »Es sind doch immerhin gute Kumpel von Ihnen …« Na, dem wird er es zeigen – gerade weil es gute Kumpel sind, werden sie alles dransetzen, dass die Abteilung super läuft. Da ist er sich ganz sicher.

Sein bester Freund und engster Mitarbeiter hat beim abendlichen Bummel durch die Kneipen verlauten lassen, dass er fest auf Dirks

Gefährlich: wenn ein befreundeter Exkollege fest auf die Loyalität des frisch gekürten Chefs baut

Loyalität baut, bezüglich Gehalt und so … Überhaupt hat die Gruppe schon durch die Blume zu erkennen gegeben, dass man keine Zweifel daran hat, dass er zukünftig die Interessen der Gruppe (in puncto Spesen, Arbeitsbedingungen etc.) wesentlich besser nach oben vertreten kann.

Am 1. Oktober, pünktlich um 8 Uhr, steht ein übermotivierter Dirk Sch. an seinem Arbeitsplatz und wartet auf das Eintreffen seiner Ex-kollegen.

Die ersten Telefone klingeln, noch sind nicht alle da, Dirk Sch. jagt von Apparat zu Apparat. So allmählich trudeln auch die Letzten ein, nehmen sich erst einmal eine Tasse Kaffee und erzählen, was gestern »so abging«. Im Grunde ein Arbeitsbeginn wie jeden Tag. Dirk Sch. jedoch kann es nicht fassen. Wenn einer unpünktlich kommt, müssen die anderen das doch ausbaden – so hat er das bis gestern allerdings noch nicht gesehen.

Er nimmt sich den letzten »Zuspätkommer« also mal gründlich zur Brust. Er hat jetzt hier die Verantwortung und kann diesen Schlendrian nicht gutheißen. Und wo er gerade dabei ist, erklärt er allen ohne Umschweife, dass Zuspätkommen nicht mehr toleriert werden kann, und falls diese Warnung nicht genüge, werde er auch vor einer Abmahnung nicht zurückschrecken.

»So, nun lasst uns aber in die Hände spucken und meinen Schreibtisch dort in die Ecke stellen. Fasst mal mit an. Nein, Boris, dein Schreibtisch bleibt da stehen, ich stell meinen dazu, mehr Verantwortung – mehr Platz, ha, ha, ha. Ja, Boris, du teilst dir den Schreibtisch mit Biggi, der war für eine so zarte Person sowieso zu groß, ha, ha, ha.« Außer bei Dirk Sch. ist jedoch nirgends Heiterkeit zu spüren. Unverdrossen räumt er ein, aus und um. Nach Vollendung seines Werkes betrachtet er seine Arbeitsstätte voller Stolz, ist sie doch jetzt viel größer – so hat auch mal ein Besucher Platz, hier kann er in Ruhe Mitarbeitergespräche führen, die nicht immer für alle Ohren bestimmt sind.

So, jetzt gleich die andere Neuerung bekannt geben, der frische Schwung muss ausgenutzt werden. »Hört mal alle her! Was haltet Ihr davon, dass wir uns am Telefon in Zukunft mit dem Satz ›Was können wir für Sie tun?‹ melden? Klingt flotter, freundlicher und aufmerk-

Neuerungen übers Knie brechen zu wollen führt unweigerlich ins Aus

Machen Sie nicht den Fehler, Bestehendes übereifrig verändern zu wollen!

samer. Zusätzlich habe ich mir überlegt, dass wir die Gleitzeit ändern, die Kernzeiten sind jetzt …« Usw., usw. Lähmende Stille, null Reaktion!

Jetzt endlich merkt auch der übermotivierte Dirk Sch., dass etwas nicht stimmt. Sein Schwung und Elan sind auf blanke Ablehnung gestoßen. Selbst bei seinem besten Freund entdeckt er nur Widerstand in der Mimik. Er kann sich das befremdliche Verhalten seiner Mitarbeiter nicht erklären. Denn als er noch einer von ihnen war, hatte sich die Gruppe vorgenommen, im kommenden Jahr das »Spitzenteam« zu werden. Wo ist jetzt die Motivation? Er war sich sicher, die Gruppe auf seiner Seite zu haben – und jetzt das!

Halten wir hier die Szene an. Was ist passiert?

Nichts Greifbares und doch etwas ganz Wesentliches! Die Distanz zu seinen früheren Kollegen hat sich verändert. Ob Dirk Sch. es wahrhaben will oder nicht: Er ist nicht mehr einer von ihnen.

Obwohl seitens seiner Kollegen hohe Erwartungen in Richtung Interessenvertretung an ihn gerichtet werden, entsteht gleichzeitig ein gesundes Misstrauen. Denn naturgemäß vertritt er zukünftig auch die Interessen der Geschäftsleitung und wird somit zum »Geheimnisträger«. Er *kann* deshalb gar nicht mehr (wie früher) zur Gruppe gehören.

Lösungsansatz

Im Grunde kann Dirk Sch. schon auf die Loyalität seiner Mitarbeiter zählen, nur darf er das »Rad nicht sofort anhalten«. Er muss sich und der Gruppe erst die Möglichkeit geben, sich an den Rollentausch zu gewöhnen. Das heißt im Klartext: zunächst das »Wesentliche« ein Weilchen beim Alten lassen, das Vertrauen der Gruppe unter den veränderten Vorzeichen gewinnen und erst dann gemeinsam an der Erreichung der neuen Ziele arbeiten. Zum Beispiel: Den neuen Telefonspruch, »Was können wir für Sie tun?« nicht einfach mittels einer rhetorischen Frage als eingeführt betrachten, sondern hierzu auch die Vorschläge aus der Gruppe berücksichtigen. Denn:

EXPERTENTIPP

Jeder Mensch führt grundsätzlich lieber seine eigenen Ideen aus als die Ideen, die ihm aufs Auge gedrückt werden!
Wenn Dirk Sch. dann spürt (auch hier ist Einfühlungsvermögen gefragt!), dass sich das Klima normalisiert und eventuell aufgewirbelter Staub sich wieder gesetzt hat, dann kann er gemeinsam mit der Gruppe die Neuerungen einführen.

1.4 Fallstrick 4: Du oder Sie?

FALLBEISPIEL

Angenommen, Sie hätten jetzt einen Mitarbeiter in Ihrem Team, der sich durch die früher übliche »Duzerei« Ihnen gegenüber einen etwas zu legeren Ton herausnimmt. Er versteht das Du als besonderes Privileg und glaubt, dadurch ein anderes Verhältnis zu Ihnen zu haben als die Neulinge, die erst seit einigen Monaten dabei sind. Ihnen geht diese missverstandene Vertrautheit gewaltig auf die Nerven und Sie erwägen, das Du wieder in ein Sie zu verwandeln, zumal in der Abteilung durch Neueinstellungen die Sie-Anrede dominiert.

Lösungsansatz

Empfehlung: Machen Sie es! So blöd es klingt, manche Menschen brauchen das »Sie«, um Distanz wahren zu können. Allerdings wird das Spießrutenlaufen für den armen Mitarbeiter zunächst schlimm sein und die Gefahr einer Demotivation ist groß. Sie können die Änderung damit begründen, dass Sie generell wünschen, dass sich in der Abteilung gesiezt wird. Somit wird er nicht degradiert.

Falls Sie zum abteilungsinternen Sie zurückkehren möchten, sollten Sie dies begründen!

»Du« oder »Sie«, das muss von Fall zu Fall entschieden werden

Aber gesetzt den Fall, Sie würden sich gerne mit einigen aus der Abteilung duzen, dann ist es sehr unklug, vom Du zum Sie zurückzukehren, weil der ehedem Geduzte dieses als persönliche Zurückweisung empfindet und somit seine Motivation (und sein Gesicht) verliert.

In einem meiner Seminare erzählte ein frisch gekürter Gruppenleiter aus dem Schwarzwald, der seine Mitarbeiter und früheren Kollegen schon seit dem Kindergarten kannte und duzte, er habe in einem Kritikgespräch unter vier Augen Probleme, seine Exkollegen zu duzen. Er griff dann zu folgendem Trick: In dem Kritikgespräch siezte er die Mitarbeiter und unter den gewohnten Arbeitsbedingungen duzte er sie wieder.

Die Mitarbeiter nahmen diese Unterscheidung sehr positiv auf, da sie begriffen, dass der Chef damit dokumentieren wollte, dass er mit der Kritik keinesfalls den Karl persönlich meinte, sondern lediglich die Situation.

Auf die Frage, ob das Du oder das Sie besser ist, gibt es keine richtige oder falsche Antwort. Sie hängt zum Beispiel davon ab, ob der Betrieb, in dem Sie arbeiten, eine amerikanische »Mutter« hat, dann schreibt die Firmenkultur quasi ein Du vor. Die Amerikaner kennen den feinen Unterschied zwischen Du und Sie nicht, der bei uns Nähe und Distanz ausdrückt. Sie besitzen auch beim Duzen das nötige Gespür fürs Abstandhalten.

Der Befehl von oben, sich vor Kunden grundsätzlich zu siezen, hat schon so manchem Bauchschmerzen bereitet. Wahrscheinlich aber eher deshalb, weil die eigene Entscheidungsbefugnis außer Kraft gesetzt wurde, weniger wegen des Siezens an sich.

EXPERTENTIPP

Überlegenswert: ob das »Abteilungs-Sie« bei den Kunden besser ankommt

Vor Kunden macht ein abteilungsinternes Siezen sicher einen guten Eindruck, denn die Gefahr, zu kumpelhaft mit den Kollegen umzugehen, ist grundsätzlich vorhanden – und dies könnte von Geschäftspartnern als unseriös interpretiert werden.

1.5 Fallstrick 5: Intrigenspiele

Oft besser: auf Beschwerden über Kollegen nicht sofort reagieren

Sie sitzen in Ihrem neuen Büro – die Türe ist offen, was bedeutet, dass Sie ansprechbar sind.

Frau Burg, eine Sachbearbeiterin aus der Bestellannahme, möchte Sie unter vier Augen sprechen. Es handelt sich um eine Beschwerde über eine Kollegin von Frau Burg, die oft später kommt, über lange Zeiträume hinweg den Arbeitsplatz verlässt, viel privat telefoniert usw. In dieser Zeit stellt sie ihr Telefon auf die Leitung von Frau Burg um. Das heißt für Frau Burg, dass sie sich kaum noch um die Bearbeitung der eingegangenen Telefonate kümmern kann, da sie fast nur noch am Telefon hängt. Außerdem sieht sie nicht ein, dass die Kollegin sich auf Kosten von anderen einen faulen Lenz macht.

Wie würden Sie jetzt spontan reagieren? Die Kollegin und Frau Burg zu einem Dreiergespräch bitten, um die Angelegenheit auch mit der »Beschuldigten« zu klären? Ja? Nun, diese Reaktion liegt nahe.

Weshalb Sie genau dies *nicht* tun dürfen:

1. Die Beschuldigte streitet in jenem Dreiergespräch alles ab. Dann steht Aussage gegen Aussage. Sie können nichts Konstruktives zur Lösung beitragen, außer zu versuchen, die Kampfhennen wieder zu versöhnen.

2. Oder Frau Burg schwächt plötzlich ihre Vorwürfe der Kollegin gegenüber ab. Nun hängt an Ihnen der Nimbus, Sie würden aus jeder Mücke einen Elefanten machen oder die ganze Geschichte wirkt plötzlich übertrieben. Fazit auf alle Fälle: Die Wahrheit kommt nicht ans Licht und Misstrauen Ihnen gegenüber ist gesät.

3. Letzte Variante: Die beiden einigen sich. Alles stellt sich als großes Missverständnis heraus. Nach dem Motto: »Nein, so war es doch gar nicht gemeint.« Quintessenz: Der Chef steht blöd da. Misstrauen

Ein Dreiergespräch eignet sich nicht zur Klärung des Falls »Beschwerde über Kollegin«

Hilfreich: den
»Beschwerde-
führer« selbst
Ansätze zur
Lösung ent-
wickeln lassen

ist entstanden, die Wahrheit kommt nicht an den Tag und in Zukunft bleiben weitere Informationen auf der Strecke.

Lösungsansatz

Hören Sie sich ruhig und gelassen die Geschichte von Frau Burg an ohne zunächst Stellung zu beziehen. Dann fragen Sie gezielt nach: Wie oft ist es passiert? Was genau hat dazu geführt? Was hat Frau Burg schon versucht, um das Problem selbst aus der Welt zu schaffen?

Hier zeichnet sich schon der erste Lösungsansatz ab: Sollte Frau Burg selbst noch nichts unternommen haben, dann könnten Sie im Sinne Ihrer Mitarbeiter reagieren und Frau Burg anregen, sich selbst Gedanken darüber zu machen, wie sie das Problem lösen könnte. Geben Sie motivierende Hilfestellung, die richtigen Worte für ein Gespräch mit der Kollegin zu finden.

Falls sich das Problem für Sie so darstellt, als sei der Erfolg des Unternehmens bedroht, dann gehen Sie der Sache selbst auf die Spur: Sie begeben sich mehrmals überraschend und zu verschiedenen Zeiten an die Arbeitsplätze der beiden Damen, um sich vor Ort ein Bild zu machen. Sollten Sie danach tatsächlich auch der Ansicht sein, dass hier ein eklatanter Missstand herrscht, dann reagieren Sie so: Sie bitten die Verursacherin des Missstandes zu einem Gespräch. Jetzt sind *Sie* derjenige, der aus *eigener* Beobachtung schildert, was geschehen ist, und sich nicht auf den subjektiven Bericht einer Betroffenen verlassen muss. Damit wirkt Ihr Verhalten gerecht und transparent und Sie haben allen Intrigenspielchen entgegengewirkt.

Machen Sie sich
vor Ort ein Bild
vom Missstand,
bevor Sie aktiv
werden!

1.6 Fallstrick 6: Freundschaft

Das folgende »Rollenspiel«, angelehnt an Michael Birkenbihl, Rollenspiele schnell trainiert, © 1992 mvg-verlag, Landsberg, Seite 43 ff., beschreibt die Realität sehr genau:

FALLBEISPIEL

Markus Bock arbeitet seit knapp vier Jahren als Bezirksvertreter. Er hat immer gute Leistungen erbracht – wenn er auch niemals unter den ersten Drei war. Daran liegt ihm nichts, er führt eine sehr gute Ehe, hat zwei reizende Kinder und hält sehr viel von »Lebensqualität«. In dieser Einstellung war er sich auch immer mit seinem Kollegen Wolf Hilt einig, der vor etwa sechs Monaten zum GVL befördert wurde. Mit diesem Manne verband Markus eine dicke Freundschaft, die beiden Familien verbrachten jedes zweite Wochenende miteinander; Wolf ist außerdem Taufpate des zweijährigen Söhnchens von Markus.

Seit der Beförderung hat sich Wolf verändert, angeblich hat er keine Zeit mehr für die Treffs am Wochenende – im letzten halben Jahr fanden nur noch zwei Familienkontakte statt. Beim letzten Treff, als alle schon etwas getrunken hatten, kam es zu einer erregten Auseinandersetzung. Markus (und seine Frau) warfen Wolf vor:

▶ Er brenne vor Ehrgeiz und hätte um seiner Karriere willen all jene Grundsätze hinsichtlich »Lebensqualität« über Bord geworfen, die vorher eine der Grundlagen ihrer Freundschaft waren;

▶ er kehre Markus gegenüber jetzt den Vorgesetzten heraus und mische sich in seine Tourenplanung ein; Markus steht aber auf dem Standpunkt, dass er sich seine Arbeit einteilen kann wie er will – solange er sein Soll erbringt;

▶ er hätte ganz allgemein zu seinen früheren Kollegen, bei denen er immer beliebt war, eine Distanz geschaffen, die ihn zwangsläufig immer mehr isolieren müsse; auf diese Weise werde er die Gruppe schwerlich motivieren können, in Zukunft höhere Leistungen zu erbringen.

Harte Bewährungsprobe für eine Freundschaft: wenn der Exkollege aufsteigt

Machen Sie sich rechtzeitig Gedanken darüber, wie sich Freundschaften verändern könnten!

Durch die
Beförderung
bleibt viel
Privates (erst
einmal) auf der
Strecke

Seit dieser Auseinandersetzung im privaten Kreise ist diese alte Freundschaft praktisch tot. Markus' Frau ist auch dieser Meinung. Jetzt wurde Markus vom »Herrn Gebiets-Verkaufsleiter« zu einer Aussprache gebeten. Da wird sicherlich das ganze Problem nochmals durchgehechelt. Markus ist aber nicht bereit, seine gesamte Lebensphilosophie in Frage stellen zu lassen – nur damit der neue Gebiets-Verkaufsleiter Erfolge nachweisen kann! Soll er doch zusehen, wie er mit diesen »Führungsmethoden« zurechtkommt!

Die Mehrzahl der Gruppe ist übrigens Markus' Meinung und signalisiert ihre negative Einstellung zum »veränderten« Wolf durch ein distanziertes und unterkühltes Verhalten ihm gegenüber. Möglicherweise wird Wolf Markus vorwerfen, er hätte die Gruppe gegen ihn aufgehetzt.

Wolf Hilt ist vor sechs Monaten zum Gebiets-Verkaufsleiter befördert worden und seitdem für sieben Mitarbeiter verantwortlich. Die Umstellungsschwierigkeiten waren doch größer, als er sich vorgestellt hatte. Er hat sich nur durch Einsatz von viel Zeit und Energie in seiner neuen Position etablieren können. Ohne die tatkräftige Unterstützung durch seinen Vertriebsleiter wäre das ganze Unterfangen möglicherweise misslungen. Es ist halt doch zweierlei: einen Bezirk zu bearbeiten oder Menschen zu führen!

Eigenartigerweise erwuchsen ihm Schwierigkeiten aus einer Richtung, von wo er sie am wenigsten erwartet hatte: Der Kollege Markus, mit dem er seit Jahren befreundet ist, stellt sich quer. Früher verbrachte er jedes zweite Wochenende mit ihm und seiner Familie: Bei einem seiner Söhne ist Wolf Taufpate. Wegen der Mehrarbeit, die mit der Beförderung auf ihn zukam, vor allem durch den Papierkrieg, hat er sich an den Wochenenden zu Hause hingesetzt und gearbeitet. Dadurch ist der private Kontakt zu Markus fast ganz zum Erliegen gekommen. Als Wolf, nach längerer Pause, vor 14 Tagen mal wieder ein Wochenende bei Markus verbrachte, machte dieser und seine Frau ihm Vorwürfe; seit der Beförderung sei er ein ganz anderer Mensch geworden! Er würde jetzt ganz anders denken! Offensichtlich hätte man in der Zentrale eine »Gehirnwäsche« mit ihm durchgeführt! Wolfs Frau griff auch in die Diskussion ein, um ihn zu verteidigen –

und schließlich ging man auseinander, ziemlich angetrunken und mit einem schalen Gefühl im Mund …

Nun hat Wolf als Gebiets-Verkaufsleiter Dinge festgestellt, von denen er früher nichts wusste. So zum Beispiel, dass sein ehemaliger Freund seine Touren nicht exakt plant und mehr nach Lust und Laune (und nach Wetterverhältnissen) durch die Weltgeschichte reist. Außerdem nimmt Markus manchmal seine Frau mit; vor allem dann, wenn er durch eine landschaftlich reizvolle Gegend fährt. Dabei macht er ausgedehnte Kaffeepausen in schön gelegenen Ausflugs-lokalen.

Schließlich ist Markus der Meinung, dass 50 Prozent des von der Zentrale verlangten Papierkriegs unnötig seien; um zu beweisen, dass dieser Papierkrieg volumenmäßig nicht zu schaffen sei, macht er »Dienst nach Vorschrift« und liefert seine Berichte immer zu spät ab, was Wolf wieder Schwierigkeiten vonseiten seines Vertriebsleiters einbringt.

Als Schlimmstes empfindet er jedoch, dass die Haltung seines früheren Freundes zum Teil auf die Gruppe abfärbt. Bei der letzten Regionaltagung wurde er von einigen Mitarbeitern des Öfteren ostentativ mit »Herr Gebiets-Verkaufsleiter« angeredet – eine nicht zu überhörende Warnung der Gruppe!

Wolf will in einem Gespräch letztmalig versuchen, sich mit Markus in fairer Weise zu arrangieren.

Beim Durchspielen dieses Rollenspiels in den Seminaren erlebe ich folgende spontane Reaktion der Teilnehmer:

Markus wird ganz sachlich und in ruhigem Ton darauf aufmerksam gemacht, dass es so nicht weitergehen kann:

1. Seine Berichte müssen in Zukunft pünktlich auf dem Tisch von Wolf liegen.
2. Er soll in Zukunft den Kollegen gegenüber seine Zunge hüten! (Auch dies in sachlichem Ton mitgeteilt!)
3. Er kann sich ruhig ein bisschen mehr bemühen. Karriere ist keine schlechte Alternative.

Häufige Folge: Die Spannungen greifen über auf das gesamte Team

Rein sachlich kommen Sie dem »Problem Freundschaft« nicht bei!

Der »Fall
Freundschaft«
lässt sich nicht
auf der Sach-
ebene lösen!

4. Es würde ihm auch nichts schaden, wenn er mehr Verständnis für Wolfs Situation aufbrächte. Schließlich sei man ja lange Jahre miteinander befreundet gewesen.

5. Ihm wird eine Umsatzstatistik gezeigt, die beweist, dass seine Umsätze im letzten halben Jahr nicht »der Hit« waren.

6. Markus wird (ganz sachlich!) gefragt, was dieser blödsinnige Widerstand eigentlich soll.

Selten gelang der Durchbruch zum »Neugebinn« der Freundschaft. In 95 Prozent der Fälle blieb das Verhältnis kühl und auf rein geschäftliche Basis reduziert. Das entstandene Misstrauen auf beiden Seiten vergiftete die Zusammenarbeit noch zusätzlich. In einigen Fällen kam es nach dem Gespräch zur Trennung.

In der folgenden Analyse der einzelnen Rollenspiele kristallisierte sich unter meinen Seminarteilnehmern folgende Erkenntnis heraus:

Dieser »Fall Freundschaft« ist *keinesfalls sachlich* zu lösen! Hier geht es ausschließlich um *Gefühle* wie zum Beispiel Enttäuschung und Wut.

▶ Markus ist enttäuscht, dass Wolf den gemeinsamen »Lebensweg« verlassen hat.

▶ Wolf kann nicht begreifen, dass Markus kein Verständnis für seinen Karriereschritt aufbringt.

Hier schlägt die *Alexithymie* wieder voll zu! Keiner der beiden Kontrahenten kann erkennen, in welchem Gefühlszustand er steckt. Also *muss* der Konflikt »versachlicht« werden. So kommt es dann zu den fruchtlosen Diskussionen über fehlende Berichte, Aufhetzen der Kollegen etc. – klassische Nebenkriegsschauplätze.

Fragen Sie sich:
In welchem
Gefühlszustand
befinden Sie und
Ihr befreundeter
Exkollege sich?

Lösungsansatz

Das klärende Gespräch zwischen Wolf und Markus muss sich ausschließlich auf die Aufarbeitung der jeweiligen Verletzungen konzentrieren. Das könnte so ablaufen:

**Das klärende
Gespräch muss
sich auf die
jeweiligen
Verletzungen
der Gefühle
konzentrieren**

FALLBEISPIEL

Wolf: »Markus es tut mir leid, dass unser letztes Treffen so in die Hose gegangen ist. Hinterher konnte ich mir nicht mehr erklären, was eigentlich passiert ist. Ich bin sehr unglücklich darüber, dass wir uns nicht mehr verstehen, und vermisse unsere Treffen und den Gedankenaustausch sehr.«

(Wolf hat seine Gefühle offen ausgesprochen und somit eine Vorgabe gemacht, wie das Gespräch verlaufen könnte.)

Markus: »An mir liegt das doch nicht, du hast dich doch plötzlich von unserer gemeinsamen Linie entfernt. Und das, ohne mir auch nur ein Wort zu sagen. Du bist doch gar nicht daran interessiert, was ich darüber denke – vielleicht bist du feige. Wirst dir schon gedacht haben, dass mir dein plötzlicher ›Karriereflitzer‹ nicht gefällt. Jetzt musst du schon sehen, wie du mit deinem ›Aufstieg‹ fertig wirst. Mit mir kannst du nicht rechnen. Du kennst meine Einstellung zum Leben!«

(Markus muss erst einmal seinen ganzen Frust loswerden und Wolf muss Manns genug sein, sich diesmal nicht persönlich angegriffen zu fühlen.)

Wolf: »Ja, so muss es nach außen gewirkt haben. So genau habe ich das noch nicht betrachtet. Ein Fehler – wie ich jetzt begreife! Nur, was machen wir jetzt? Ich hatte plötzlich ›Lust‹ auf den Posten des Gebiets-Verkaufsleiters und als mir diese Position angeboten wurde, konnte ich nicht widerstehen. Klar, ich hätte das mit dir besprechen müssen, wir haben früher ja auch alles miteinander bequatscht. Du hast Recht, irgendwie hatte ich Bedenken, dass du damit nicht einverstanden sein würdest und so habe ich besser nichts gesagt. Der zweite Fehler, den ich begangen habe. Ehrlich gesagt, habe ich mir den Aufstieg nicht so arbeitsintensiv vorgestellt und hatte im Stillen gehofft, dass der Übergang nicht so krass ausfällt und ich dir die neue Position quasi stückchenweise verkaufen kann. Offensichtlich der dritte Fehler.«

(Wolf zeigt Verständnis für die Erklärungen von Markus und sieht dies gleichzeitig als Chance, auch seine eigenen Beweggründe erklären zu können.)

Wichtig: Der
Freund muss
seinen Frust
loswerden
dürfen

Letzte »Etappe«: Klar benannte Schritte schaffen erneut Vertrauen

Erst dann, wenn Kopf und Herz wieder frei sind, wenn Markus seinen Frust »ausgekotzt« hat und Heilung durch das jeweilige Verständnis füreinander beginnen kann, ist eine neue Basis möglich. Da dies unter neuen Vorzeichen geschieht, müssen die Schritte konkret benannt und die Gefühle offen ausgesprochen werden, zum Beispiel:

▶ dass die beiden in Zukunft wieder öfter etwas zusammen unternehmen, nur, die Zeit von Wolf ist eingeschränkter als früher;

▶ Wolf über geschäftliche Dinge nicht mehr sprechen wird, da er ja nun mit zur Geschäftsführung gehört;

▶ dass Markus noch einmal versichert, dass seine Beförderung ausschließlich mit ihm (Wolf) zu tun habe und nicht als Ablehnung gegenüber Markus als Freund gerichtet ist;

▶ dass er sich wünscht, dass Markus ihn in seiner neuen Rolle als Gebiets-Verkaufsleiter akzeptiert usw.

Wolf muss sich die Loyalität von Markus neu erarbeiten, sonst wird es immer wieder zu Ausbrüchen auf Nebenkriegsschauplätzen kommen.

Markus hingegen muss akzeptieren, dass Wolf das Recht hat, seine Meinung bezüglich »Karriere« jederzeit zu ändern.

So entsteht wieder Vertrauen – die einzige Basis für gutes Miteinander. Sollte dies – trotz aller gefühlsmäßigen Offenheit – nicht möglich sein, dann muss Wolf entscheiden, sich von Markus als Mitarbeiter zu trennen. Damit wird dann endgültige Funkstille zwischen den beiden herrschen. Manchmal leider nicht zu ändern. Nur: Der Versuch, über Gefühlsoffenheit wieder zueinander zu finden, ist es allemal wert.

Die Rahmenbedingungen für Freundschaften müssen neu abgesteckt werden

1.7 Fallstrick 7: »Affen« im Büro

Nicht alle Probleme Ihrer Mitarbeiter sind Ihr Problem!

FALLBEISPIEL

Ein Mitarbeiter kommt in seinem Projekt nicht weiter, er hat sich in etwas festgebissen und findet den Ausweg nicht. Er bittet Sie um einen Tipp, wie er »den Karren wieder flott bekommt«. Sie hören sich seine Erläuterungen an und erklären ihm nach kurzem Nachdenken, er möge das Problem bei Ihnen lagern, Sie würden sich bis morgen etwas überlegen und ihm wieder Bescheid geben.

Kurze Zeit später ein ähnlicher Fall: Auch hier »hakt« etwas, auch hier sind Sie ganz Ohr, auch hier bitten Sie um Geduld und bieten bis morgen eine Lösung an.

Solche Situationen können wir weiterspinnen, bis Ihr Büro voll ist mit »fremden Affen«(Lasten). Sie kaufen mehrere Steigen Bananen, um am nächsten Tag mit der Fütterung zu beginnen … Ihre Mitarbeiter hingegen haben fröhlich pfeifend Ihr Büro verlassen, da sie nun von ihren Affen befreit sind. Nur: Sind Sie dazu da, fremde Affen zu sammeln und zu füttern?

Lösungsansatz

Also: Wenn Ihre Mitarbeiter, mit welchen Problemstellungen auch immer, bei Ihnen Rat suchen, gilt wieder das gleiche Prinzip wie bei Frau Burg (Fallstrick 5): Hören Sie sich alles in Ruhe an und fragen Sie dann zunächst Ihren Mitarbeiter, was er zu tun gedenkt, um zu einer Lösung zu gelangen. Falls er zunächst noch zu blockiert ist, um die eigenen Ideen zu erkennen, bietet sich ein kurzes Brainstorming an.

Was ich damit sagen will: Bemühen Sie sich gemeinsam mit Ihrem Mitarbeiter um einen Lösungsansatz, damit er mit dem Problem wieder an seinen Arbeitsplatz verschwindet und nicht Sie den »Affen« in Ihrem Büro sitzen haben! Sie kommen sonst zu nichts mehr!

Lesen Sie hierzu das Kapitel »Auch Delegieren will gelernt sein«, Seite 146 – 156

AKTIONSPLAN

Gestern Kollege – heute Vorgesetzter

So lösen Sie Probleme, die aus Ihrem Rollentausch resultieren

Im Folgenden sind die Kernprobleme auf den Punkt gebracht. Entscheiden Sie, wo Sie aktiv werden müssen, und setzen Sie die vorgeschlagenen Maßnahmen um.

1. Sie haben Ihren Exkollegen Versprechungen gemacht, die Sie (bislang) nicht einhalten konnten. Misstrauen bis hin zu offener Ablehnung sowie Enttäuschung bei Ihren Mitarbeitern untergraben nun das Wir-Gefühl und die Motivation.

Befinden Sie sich in dieser Lage?

☐ Nein

☐ Ja, und zwar im Hinblick auf den/die Exkollegen

_____

_____

Vorschläge zur Lösung des Problems:

Siehe dazu:

Seite 84 – 89 ◀
▶ Gefühls-/Beziehungsebene verbessern: verletzte Gefühle ernst nehmen, gemeinsam nach Lösungen suchen

Seite 81 – 84 ◀
▶ Abteilungsmeeting durchführen: per Metaplan-Technik Problemfelder ermitteln und Lösungen finden

▶ Erneut Vertrauen schaffen und Wir-Gefühl stärken: Informationsfluss verbessern, Mitarbeiter einbeziehen in notwendige Veränderungsprozesse

▶ Motivation schaffen durch neue Herausforderungen, Ziele, Aufgaben

▶Seite 149 – 153

Beginn der Maßnahmen: binnen 2 Wochen

Erfolgskontrolle: nach 8 Wochen

Ergebnis: _____

Mögliche Maßnahmen bei anfänglichem Misserfolg:

▶ Zweites Gespräch führen, Maßnahmen fortsetzen, erneute Erfolgskontrolle

▶ Zweites Abteilungsmeeting mit externem Moderator/ Berater zum Thema Konfliktbewältigung durchführen

▶Seite 84

▶ Problem mit dem nächsthöheren Vorgesetzten besprechen

2. Mit einem Ihrer derzeitigen Mitarbeiter waren Sie vor dem »Seitenwechsel« gut befreundet. Nun stellen Sie fest, dass sich dieses Verhältnis verändert hat und wie schwer es ist, den Anforderungen und Wünschen beider Seiten (Exkollegen – Geschäftsleitung) gerecht zu werden.

Befinden Sie sich in dieser Lage?

☐ Nein

☐ Ja, ich war mit _____befreundet

Vorschläge zur Lösung des Problems:

▶ Zunächst: sich selbst unmissverständlich klarmachen, dass man nicht auf zwei Hochzeiten gleichzeitig tanzen kann, sondern nunmehr zur Führungscrew gehört

▶ Vier-Augen-Gespräch mit dem Exkollege führen: zukünftige Rollen klären

▶Seite 31 – 36

▶ Entstandene Distanz akzeptieren und einhalten; »verhalten freundschaftlich« agieren unter Beibehaltung des früheren Duzens

▶ Beiden Seiten Zeit lassen, die neue Rolle zu akzeptieren: keine abrupte Kehrtwendung von heute auf morgen

Beginn der Maßnahmen: binnen 2 Wochen

Erfolgskontrolle: nach 8 Wochen

Ergebnis: _____

Mögliche Maßnahmen bei anfänglichem Misserfolg:

▶ Zweites (Konflikt-)Gespräch führen, eventuell unter Einbeziehung des Betriebsrats oder sonstiger »Vertrauensgremien«, Maßnahmen fortsetzen, Erfolgskontrolle

▶ Problem mit dem nächsthöheren Vorgesetzten erörtern

▶ Bei dauerhaften und folgenschweren Störungen in der Zusammenarbeit: über Versetzung der Exkollegin nachdenken

3.   Da man »sich ja noch so gut von früher her kennt«, stehen Ihre Exkollegen ständig bei Ihnen auf der Matte, um sich über Missstände oder andere Kollegen zu beschweren oder um unliebsame Aufgaben und Probleme von Ihnen lösen zu lassen.

Kennen Sie dieses Spiel schon zur Genüge?

☐ Nein

☐ Ja, unter anderem folgende Dinge werden ständig an mich herangetragen:

_____

_____

Vorschläge zur Lösung des Problems:

▶ Lernen Sie das (Rück-)Delegieren von kleineren Problemen   ▶Seite 147 – 148
und weniger verantwortungsvollen Aufgaben: falls nötig,
lediglich Anstöße geben; den Mitarbeiter eigene Lösungsansätze und Maßnahmen entwickeln bzw. durchführen lassen

▶ Bei Beschwerden: nicht sofort Stellung beziehen und ein-   ▶Seite 29 – 30
greifen, sondern den »Beschwerdeführer« motivieren, selbst
als Problemlöser tätig zu werden

Beginn der Maßnahmen: binnen 2 Wochen

Erfolgskontrolle: nach 6 Wochen

Ergebnis: _____

Mögliche Maßnahmen bei anfänglichem Misserfolg:

▶ Verstärkt das Delegieren üben   ▶Seite 149 – 150

▶ Bei Beschwerden: sich erst selbst »vor Ort« ein Bild machen, ▶Seite 29 – 30
dann gegebenenfalls eingreifen und mit dem »Quertreiber«
ein Konfliktgespräch unter vier Augen führen: Selbstdarstellung ermöglichen, Mitarbeiter ernst nehmen, gemeinsam
Ansätze zur Lösung entwickeln

*Wenn Sie diese Probleme erfolgreich bewältigt haben, können Sie
entweder direkt zu Kapitel 2 übergehen oder Sie blättern zurück
zur »Situationsanalyse« und beschäftigen sich dort mit Punkt 2.*

2

Führung – ein schwieriges Kapitel

Ziel des Kapitels:
Sie reflektieren
über Führungs-
stile und lernen
die Vorteile des
»neuzeitlichen«
Stils kennen

Es haben sich im Laufe der letzten Jahrzehnte viele Vorstellungen über Führungsstile entwickelt: Da ging es um die autoritäre, die kooperative, die demokratische oder sogar die beratende Führung. Daraus resultiert heute die Frage: Gibt es den Führungsstil der Zukunft? Und wenn ja: Wie sollte er aussehen?

2.1 Führungsstile gestern und heute

Bitte halten Sie hier einmal kurz inne und rufen Sie sich Folgendes in Erinnerung: Welche Führungsqualitäten haben Sie schätzen gelernt, welche lehnen Sie bis heute ab?

Notieren Sie auf einem separaten Blatt Papier jeweils spaltenweise die *positiven Führungsqualitäten* und die *negativen Führungsquali-täten*. Danach betrachten Sie die Ergebnisse unter dem Aspekt: Welche »Qualitäten« stehen für *Fachkompetenz* und welche für *Beziehungs-kompetenz*? Ich wette mit Ihnen, dass 95 Prozent Ihrer Liste – ob nega-tiv oder positiv – auf die *Beziehungskompetenz* entfallen.

Jahrhundertelang hat die westliche Welt das *rationale, analytische Bewusstsein* immer mehr entwickelt. Gepflegt wurden Systeme und Ordnungen (zum Beispiel Hierarchien), die es einem Aufsteiger leichter machten, sich in der Welt der Führung zurechtzufinden. So war es nicht erforderlich, die Reife der Persönlichkeit in die Waagschale zu werfen. Durch digitale und lineare (linkshirnische) Denkstrukturen (Kosten-

Noch wichtiger
als Fachkom-
petenz: Ihre
soziale
Kompetenz

pläne, Zahlenvorgaben, Statistiken, Analysen etc.) entstand ein Kontrollsystem, das die Managementtätigkeiten immer einfacher und transparenter machte. Man glaubte, durch das reine Faktendenken, durch Organigramme und durch klare Zielvorgaben (nebst Kontrollen) das optimale Mittel für Führung gefunden zu haben. Klar, Motivation gehörte auch dazu – hier wurden in den 60er-Jahren Anreize (Incentives) geschaffen, die es vermeintlich leichter machen sollten, die hohen Zielvorgaben zu erreichen.

Auch *Führungsstile* konnten bis in die 90er-Jahre hinein noch klar benannt und voneinander abgegrenzt werden, wie:

▶ der autoritäre Stil (alte Tradition)
▶ der kooperative Stil (aus den 90er-Jahren)
▶ der demokratische Stil (der neuzeitliche Stil bzw. der Stil der Zukunft?)

Somit gab es klare Bezeichnungen und Vorstellungen, die das Führen leichter machen sollten.

Autoritäre Führung

Dieser Führungsstil stammt aus der militärischen Gehorsamkeitstradition und hatte einstmals folgendes Menschenbild:

▶ Die Mitarbeiter handeln in erster Linie nach Anweisung und nicht aus eigenem Antrieb *(fehlende Sinngebung, verstärkte Kontrolle)*.
▶ Die Mitarbeiter sind Schachfiguren und werden je nach Notwendigkeit hin und her geschoben *(fehlender Handlungsspielraum)*.
▶ Die Mitarbeiter funktionieren eher als »Manipulationsmasse« ohne eigenes Denk- und Urteilsvermögen.
▶ Die Mitarbeiter sind ohne Kompetenzen *(fehlende Verantwortung)*.

Zusammenfassend bedeutete das: Straffe Führung mit starker Begrenzung des Handlungsspielraumes – das war das autoritäre Führungsgeheimnis. Der Mensch hatte sich ein- und unterzuordnen in klar definierte Hierarchien.

Allerdings entwickelte sich aus dieser (heute nicht mehr ganz zeitgemäßen) Strategie eine sehr nützliche Erkenntnis:

Sinngebung erreichen Sie durch bestmögliche Information und Transparenz

In Krisensitua-
tionen ist eine
straffere Führung
in Ausnahme-
fällen nötig

EXPERTENTIPP

In Krisensituationen, während einer Umstrukturierung oder in
einer Pionierphase sind straffe Zügel bzw. die Eingrenzung des
Handlungsspielraumes hilfreich und sinnvoll, wenn der autoritäre Stil nicht als Ausdruck einer grundlegenden Wertehaltung verstanden wird.

Nehmen Sie als Beispiel einen Segeltörn:

FALLBEISPIEL

Sie sind Skipper auf einer Segelyacht und segeln mit Ihrer Crew
fröhlich dahin. Plötzlich (die Segler unter Ihnen wissen, wie schnell
das gehen kann) zieht ein Unwetter auf. Jetzt ist blitzschnelles Handeln nötig und Sie geben laute, klare seglerische Kommandos wie
zum Beispiel »Reffen, abfallen, in den Wind, Genua bergen, Fock
heißen« etc. Damit die Befehle von jedem verstanden werden, heben
Sie Ihre Stimme, besser gesagt, Sie schreien. Teilweise treiben Sie die
Mannschaft brüllend zur Eile an. In wenigen Minuten ist die Jacht
sturmgerüstet und Sie können Ihren Kurs unter hoher Konzentration,
aber einigermaßen sicher, fortsetzen, bis der Sturm sich wieder
beruhigt hat. Bei solchen Notmaßnahmen wäre es lebensgefährlich,
erst einmal episch darüber zu diskutieren, was jetzt bei einem so
gewaltigen Sturm zu tun sei. Ob die Genua wirklich runter muss oder
ob nicht vielleicht doch … oder überhaupt … Übertragen auf Ihr Unternehmen bedeutet dies: In Notsituationen muss die Führungskraft
sagen, wo es langgeht. Diskutiert werden kann hinterher immer noch,
zunächst aber steht Handeln an erster Stelle.

Wenn die Zei-
chen auf Sturm
stehen, dürfen
Sie vorüber-
gehend »von
oben anweisen«

Kooperative Führung

Das Menschen-
bild des
kooperativen
Führungsstils:
Verantwortungs-
bewusstsein
und Leistungs-
wille

Bei diesem Führungsstil sieht die Wertehaltung anderer Menschen gegenüber so aus:

▶ Die Mitarbeiter sind *aktiv, leistungswillig* und *verantwortungsfähig*.

▶ Sie brauchen *Herausforderungen*, zum Beispiel durch Ziele, um Aktivitäten in eine gemeinsame Richtung zu lenken. Hier ist gute Kommunikation zwischen Vorgesetzten und Mitarbeiter notwendig, um klare Ziele und Vorstellungen zu definieren und konkret zu formulieren. Dazu gehören: klare Informationen, genau definierte Instruktionen, Kompetenzerteilung, Erteilen neuer anspruchsvoller Aufgaben, Beförderung und Versetzung sowie Weiterbildung.

▶ Das Ziel dient dem *Großen und Ganzen*, also nicht dem Einzelnen und seiner Machterhaltung.

▶ Wichtig ist hier eine *kontinuierliche Rückmeldung*. Der Mitarbeiter muss über den Grad seiner Zielerreichung (und über den Stand der Dinge) auf dem Laufenden sein und er muss Rückmeldung erhalten, wie er im weiteren Umfeld gesehen wird, wo er aneckt bzw. wie er im gesamten »Beziehungsnetz« funktioniert.

▶ Optimal läuft die Kommunikation im kooperativen Führungsstil erst dann, wenn Rückmeldung nicht nur von oben nach unten, sondern auch vom Mitarbeiter zu seinem direkten Vorgesetzten stattfindet. Der Mitarbeiter muss auch *seine* Erwartungen und *seine* Befürchtungen äußern dürfen.

Das bedeutet nicht, dass (in Krisensituationen) auf Autorität verzichtet werden muss.

Eine kontinuierliche Rückmeldung hilft Ihren Mitarbeitern bei der Standortbestimmung

WISSENSWERT

Der Unterschied zum kaderhaften autoritären Führungsstil besteht allerdings darin, dass es sich bei dieser Art Autorität um die natürliche Autorität einer Persönlichkeit handelt.

»Kooperative
Führer« lenken
durch innere
Autorität, durch
die Reife ihrer
Persönlichkeit

Die Merkmale einer solchen Persönlichkeit sind: innere Reife, Ehrlichkeit etc. Dieser Mensch bleibt unparteiisch aufgrund seiner größeren Erfahrung. Durch die »innere« Autorität kann eine solche Führungspersönlichkeit die Freude an der Arbeit wesentlich einfacher steigern, als dies je mit »äußerlicher« Autorität möglich wäre. Mitarbeiter orientieren sich häufig an ihrem direkten Vorgesetzten, da er für sie die Unternehmensleitung verkörpert.

Gerade auf den unteren hierarchischen Ebenen ist dies deutlich feststellbar. Meister besitzen eine hohe Akzeptanz, da sie aus den eigenen Reihen kommen und nicht (wie die Firmenspitze) anonym und unnahbar erscheinen. Die kooperative Führung ist ein Mittel für den Mitarbeiter, sich als Mensch auch im Unternehmen selbst zu verwirklichen.

Der Wandel zum kooperativen Führungsstil wird durch den Wunsch autoritärer Persönlichkeiten gefährdet, weiter »herrschen« zu wollen, während die Bereitschaft der »Untergebenen« sich unterzuordnen immer geringer wird.

Die kooperative Führungskraft ist mit einem Dirigenten zu vergleichen, der die Aufgabe eines Koordinators hat. Dem kooperativen Führungsverständnis wird allerdings vorgeworfen, dass Entscheidungsprozesse zu lange dauern. Das kann dadurch entkräftet werden, dass durch den ausgezeichneten ständigen Informationsfluss Entscheidungen besser und schneller getroffen werden können und vor allem mit langfristigem Erfolg! Dies kann ein autoritärer Mensch niemals erreichen, da er viel zu wenig informiert ist.

Demokratische Führung und Wandel gängiger Normen

Merkmale demokratischer Führung

Demokratische
Führung ermög-
licht Selbst-
verwirklichung
der Mitarbeiter

Gesellschaftlicher Wertewandel und neues Führungsverständnis sehen wie folgt aus:

▶ Das *Miteinander* steht im Vordergrund.
▶ Der Chef wird vom »*Faktendenker*« zum »*Wertedenker*«, das heißt: Seine Wahrnehmung erweitert sich dahingehend, dass er nicht

mehr ausschließlich Daten und Fakten als Grundlage für seine Entscheidung nimmt, sondern (sehr genau) das gesamte Umfeld beobachtet. Er macht sich ein Bild vom Ganzen, nimmt Stimmungen wahr und ernst. Er vermittelt seinen Mitarbeitern den *Sinn* ihrer Tätigkeit.

▶ Gut ausgebildete und informierte Mitarbeiter steuern ihre Arbeitsprozesse selbst. (Doch Achtung! Wenn die Mitarbeiter noch nicht die Reife zur »Selbstverwaltung« besitzen, droht »Chaos-Gefahr«.)

▶ Die Mitarbeiter sind ihre eigenen Manager und entwickeln Ideen. Sie bekommen *genügend Spielraum und Kompetenzen*, um ihre Ideen umzusetzen.

▶ Es gibt eine *Fehlerkultur*. Die Angst vor Fehlern und den damit verbundenen Konsequenzen ist restlos verschwunden und macht den Weg frei für neue Entwicklungspotenziale.

▶ Der Vorgesetzte greift nur ein, wenn er alle Betrachtungsweisen (Fakten und Gefühle sowie Intuition) berücksichtigt hat. Er handelt erst, wenn er alle Zusammenhänge klar erfasst hat, besonders die Prozesse, die zwischen den Dingen und den Menschen ablaufen. Das Eingreifen bedeutet nicht, dass er jetzt endlich einmal sagt »wo's langgeht«, es geht vielmehr darum, neue Maßnahmen auszuprobieren. Er hat den Mut, den Kurs wieder zu verändern, falls sich seine Hypothese wider Erwarten nicht erfüllt.

Merkmal des neuen Führungsverständnisses: Wertedenken statt Faktendenken

WISSENSWERT

Hierbei handelt es sich nicht mehr um einen Führungsstil oder um Führungstätigkeiten nach klassischem Verständnis, sondern um Betrachtungsweisen, die gleichwertig für das Management, die Wirtschaft und die Gesellschaft gelten.

Gerd Gerken nennt diese Betrachtungsweise in seinem Buch »Management by love« (1991) »Führen durch Kultur statt Kader«.

Entwickeln Sie eine »Fehlerkultur« – das nimmt Ihren Mitarbeitern die Angst vorm Versagen!

Der Werte-
wandel: »Daten-
logik« wird
ergänzt durch
Gefühl und
Intuition

Der Paradigmenwandel in Wirtschaft und Erziehung

Früher wurde Konsum durch künstlich erzeugte Bedürfnisse massiv gefördert. Der Werbedruck stieg und geplanter Mangel machte Konsum noch attraktiver. »Agression im Wettbewerb« hieß das Gesetz. Schnelles Ausbeuten der Ressourcen ohne einen Blick auf die Folgen war angesagt. Hauptsache der Profit stimmte. Es wurde ausschließlich der rationalen Denkweise vertraut.

Heute hingegen (Wertewandel!) ist ab und zu feststellbar, dass Unternehmen ihr Augenmerk auf das Bewahren, Erhalten und Wiederverwenden richten; menschliche Werte ersetzen das »Profit machen um jeden Preis«. Reine Datenlogik wird ergänzt von Ahnung, Gefühl, Herz und Intuition.

Eine sehr ähnliche Veränderung ist im Bereich der *Erziehung* zu beobachten:

Hier lautete das alte Paradigma: »Was du heute lernst, gilt für immer.« Menschen wurden zu Höchstleistungen angetrieben, denn »etwas zu machen« hatte Vorrang vor Freude, Sinn, Selbstverständnis.

Nach traditioneller Denkweise musste das Denken von Dingen wie Stimmungen, Gefühlen und Subjektivitäten gereinigt werden, um zur »wahren Objektivität« zu gelangen. Heute weiß man, dass es *die* Objektivität nicht gibt, sondern dass der Betrachter nur das sieht, was er sehen will.

Das so genannte Richtige oder Objektive ist höchstens das Ergebnis einer stillen oder ausgehandelten sozialen Übereinkunft und kann nicht als letzte Wahrheit beansprucht werden. Diese Erkenntnis hat nur eine logische Konsequenz:

Rationales Den-
ken allein reicht
nicht aus, um Ihr
Team erfolgreich
zu führen!

EXPERTENTIPP

Die Fragestellung der »Unternehmen der Zukunft« muss nicht mehr heißen: »Was …?«, sondern »Wie …?« Wie gehen wir miteinander um, wie sehen wir uns, wie wird gehandelt, wie wird entschieden …?

Unternehmen werden betriebswirtschaftlich immer noch wie Apparate behandelt und dementsprechend technokratisch geführt. Das drückt sich mancherorts auch in einem Verständnis von Führung aus, das lediglich das Verteilen von organisatorischen Aufgaben meint.

Wenn also das neue Paradigma heißt: *Wie gehen wir miteinander um?*, so ist die Konsequenz: weg vom autoritären »Schachfiguren-Verständnis« – hin zur *demokratischen Selbstorganisation*.

Als passendes Bild hierzu fällt mir ein Ameisenhaufen ein, der sich auf geheimnisvolle Weise weitgehend selbst regulieren kann – ohne zu leiden oder unterzugehen (und damit scheinbar Unmögliches leistet). Übertragen auf die Zukunft bedeutet dies:

Das neue Paradigma: Das Wie ist wichtiger als das Was!

EXPERTENTIPP

Die Akzeptanz gesunder, sich selbst entfaltender Kräfte in einem Unternehmen bedarf keiner autoritärer Führung mehr, die kontrolliert, steuert, kommandiert und dauernd Ziele setzt, um deren Abweichungen zu korrigieren.

Mitarbeitermotivation geschieht nicht mehr dadurch, dass von außen Anreize (Incentives) geschaffen werden, um damit zu »ködern«. So wäre der mitarbeitende Mensch ja wieder nur Manipulationsmasse und Opfer von Fremdbeeinflussung. Frei nach dem Motto »Mach ich's wie bei einem Esel, halte ich meinem Mitarbeiter eine Möhre vor die Nase, dann wird er schon laufen (aber: Macht der »Esel« gerade eine Heudiät, pfeift er auf die Möhre und bewegt sich keinen Millimeter mehr).

Nein, Motivation entsteht dadurch, dass im Unternehmen ein *Geist* der Be*geist*erung herrscht. Einer persönlichen Entfaltung des Einzelnen also nichts mehr im Wege steht. Nach der Betrachtungsweise der Selbstorganisation »evolutioniert« sich ein Unternehmen somit von selbst.

Die Grundlagen dafür müssten sein:

▶ Hierarchien werden flacher.
▶ Der Einzelne erhält mehr Verantwortung und Handlungsspielraum.

Zum Thema Motivation lesen Sie mehr auf Seite 125 – 145

Führungskräfte der Zukunft müssen verstärkt über soziale Kompetenz verfügen

▶ Informationen fließen ausgezeichnet.

▶ »Sägegeräusche« an Stühlen anderer verschwinden.

▶ Persönliche Machtansprüche spielen keine Rolle mehr.

Das Unternehmen der Zukunft hat die Energie, bei dosierter »Lenkung« den ihm angemessenen, gesunden Fortschritt aus sich selbst heraus zu leisten.

> **EXPERTENTIPP**
>
> Führung gestaltet sich in dieser neuzeitlichen Denkweise zu einer viel differenzierteren und delikateren Einflussnahme als früher, die sich in erster Linie an der Kultur, der Gesellschaft, den Menschen, der Entwicklung der Geschäfte und an dem Wie orientiert.

Das erfordert Einfühlungsvermögen, Vertrauen, soziales Engagement, Beziehungsfähigkeit, Nachdenklichkeit. Alles Tugenden, die im Führungsverständnis der Vergangenheit keinen Platz hatten. Hier waren oder sind Durchsetzungsvermögen, logische Denkweise, Autorität, Dominanz, Überzeugungskraft und Aggression gefragt.

Mit Einfühlungsvermögen wohldosiert lenken – nur das bringt Sie weiter!

Es bleibt zu wünschen, dass diese »alten Tugenden« sich immer mehr mit dem »neuzeitlichen Führungsverständnis« mischen.

Welchen Stil pflegen Sie?

In dem sehr informativen, empfehlenswerten Buch von Karl Kälin/ Peter Müri, »Führen mit Kopf und Herz« Ott Verlag, Thun, 1990, habe ich auf den Seiten 114 bis 116 folgenden Test gefunden, den ich für sehr aufschlussreich halte für die eigene Standortbestimmung.

Durchführung

Sie haben pro Rubrik A, B, C etc. 10 Punkte zur Verfügung. Diese 10 Punkte verteilen Sie jeweils nach Ihrer persönlichen Gewichtung auf die drei Aussagen. Wenn Sie zum Beispiel der Ansicht sind, dass das erste Statement 7 Punkte verdient (also eine hohe Wertschätzung), dann haben Sie für die beiden anderen lediglich noch 3 Punkte zur Verfügung, die Sie verteilen können.

Bitte pro Rubrik insgesamt 10 Punkte auf die Spalten 1 bis 3 verteilen.

			1	2	3
A	**Aufgaben zuweisen und abgrenzen**	Mit Aufträgen und abgegrenztem Spielraum führen	1		
		Vor allem Schnittstellen so genau wie möglich definieren		2	
		Nur Hauptaufgaben umreißen und viel Spielraum lassen			7
B	**Ziele vorgeben**	Dem Mitarbeiter ein Fernziel vorgeben, den Weg selber suchen lassen		5	
		Das Ziel selber finden lassen, nur über Politik (Rahmen) informieren			2
		Das Ziel und den Weg sauber festlegen und auf Klippen vorbereiten	3		

			1	**2**	**3**
C Instruieren	Informationen zur Anregung geben, sodass der Mitarbeiter selbst lernt				5
	Sorgfältig und wiederholt vormachen und nachmachen lassen		0		
	Von Fall zu Fall und bei Bedarf am Beispiel erklären				5
D Kontrollieren	Mithilfe von Stichproben Fehler erfassen und korrigieren		0		
	Dem Mitarbeiter die laufende Kontrolle und die Ergebniskontrolle überlassen				2
	Resultate regelmäßig besprechen und Verbesserungen vereinbaren			8	
D Vorbild sein	Hier und da aktiv an der Front Hand anlegen und sich Fehler leisten				4
	Eine offene Tür für Mitarbeiter haben und ihnen kein X für ein U vormachen			6	
	Sich immer von der besten Seite zeigen		0		
E Anerkennen	Unauffällig, aber immer wieder loben, aufrichten und ermuntern			2	
	Deutlich und betont bei offensichtlich guter Leistung loben		6		
	Sich im Kontakt und in persönlicher Zuwendung um den Mitarbeiter kümmern				2

		1	2	3
F Kritisieren	Durch regelmäßige Rückmeldung des persönlichen Eindrucks die Leistung voranbringen			3
	Fehler erfassen und analysieren und vorbeugende Maßnahmen veranlassen	6		
	Durch laufende Standortbestimmungen Zielabweichungen sicherstellen lassen		1	
G Kontakt halten	Kontakt spontan nach persönlichem Bedarf herstellen	5		
	Kontakt durch Teambildung indirekt sicherstellen			0
	Persönlichen Kontakt suchen und regelmäßig auffrischen		5	
H Ideen aufgreifen	Ideen anregen, begrüßen und versuchen, sie zu realisieren			4
	Ideen mit Vorbehalt entgegennehmen, um spätere Enttäuschungen zu vermeiden	3		
	Ideen frei kommen und mit Lösungen experimentieren lassen			3
I Klima pflegen	Großen Vertrauenskredit einräumen, das Team selbstständig arbeiten lassen und für Klima verantwortlich machen			4

		1	**2**	**3**
Klima pflegen	Zeichen setzen und durch klare Positionierung und viel Information über Politik und Ziele vertrauen erwecken			3
	Durch Betriebsanlässe und Imagepflege sowie im täglichen »Frontkontakt« Zugehörigkeitsgefühl entwickeln		3	
	Addieren Sie die Punkte in der jeweiligen Spalte! (Quersumme ergibt 100.)	27	41	32

Auswertung

Sie kommen zu Ihrem persönlichen Ergebnis, indem Sie die Werte in den einzelnen Spalten senkrecht addieren. Also erst Spalte 1, dann 2, dann 3. Die Quersumme der Ergebnisse muss 100 ergeben. Damit haben Sie eine gute Kontrolle, ob Sie richtig gerechnet haben.

Ergebnis

1 Wenn Sie die meisten Punkte in der Spalte 1 gesammelt haben, dann folgen Sie dem *autoritären Führungsstil*.

2 Wenn Sie die meisten Punkte in der Spalte 2 erzielt haben, dann folgen Sie dem *kooperativen Führungsverständnis*.

3 Wenn Sie die meisten Punkte in der Spalte 3 gesammelt haben, dann folgen Sie dem *neuzeitlichen Führungsverständnis*.

2.2 Führung des nächsthöheren Vorgesetzten

Ein nicht gerne in der Öffentlichkeit diskutiertes Thema: Wie Sie Ihren nächsthöheren Chef dazu bringen, die Dinge zu tun, die Sie für dringend notwendig halten. Alle Mitarbeiter und »Unterchefs«, die sich zu diesem Thema kritisch äußern, haben Angst vor Repressalien. So werden Unzulänglichkeiten in den höheren Führungsetagen nach wie vor gedeckt. Und das »Peter-Prinzip« ist heute offenbar noch genauso gültig wie 1969! (»In jeder Hierarchie neigt jeder Beschäftigte dazu bis zu seiner Stufe der Unfähigkeit aufzusteigen.«)

Folgende »Problemstellungen« lassen sich durch geschicktes Führen möglicherweise entschärfen:

1. Mangelnder Informationsfluss
2. Sackgasse: »Ich kümmere mich darum«
3. Chef drückt sich vor Dingen, die er nicht gerne tut
4. Chefs mit »ausgeprägten« Eigenschaften

Mangelnder Informationsfluss

Spielen wir folgende Situation einmal durch:

FALLBEISPIEL

Ihr Chef hat Ihnen offensichtlich wichtige Informationen vorenthalten, die Sie dringend für eine Sitzung gebraucht hätten. Als Sie in der Konferenz dann zu einer (ohne Ihr Wissen) gefällten Entscheidung gefragt werden und Sie in dieser peinlichen Situation stotternd versuchen, Ihre Verlegenheit zu verbergen, nimmt Ihr Chef Ihnen gönnerhaft das Wort aus dem Mund und redet statt Ihnen. Natürlich mit den entsprechenden Bemerkungen wie »Rom ist auch nicht an einem Tag erbaut worden, ha, ha …« Bei näherer Betrachtung stellen Sie fest, dass Informationen generell nur sehr spärlich fließen.

Spüren Sie auf, ob ausreichende Informationen fließen

Problemlösung: gemeinsam entscheiden, welche Informationen fließen müssen, welche nicht

Sie haben schon länger das Gefühl, dass Sie wegen jeder Kleinigkeit nachfragen müssen. Ganz zu schweigen von den Dingen, die Sie gar nicht fragen können, weil Ihnen dazu noch nichts zu Ohren gekommen ist.

Bei der nächsten Gelegenheit bringen Sie das Thema zur Sprache. Ihr Chef ist höchst erstaunt und auch ein wenig sauer. Er kann überhaupt nicht verstehen, wie Sie auf diese Idee kommen. »Nein, nein, mein Guter, da irren Sie sich gewaltig, alles Wesentliche erfahren Sie als Erster.«

Hier sitzt der Knackpunkt: Alles *Wesentliche*? Für *wen* das Wesentliche?

Sie können wahrscheinlich davon ausgehen – wenn Sie sonst Loyalität seitens Ihres Chefs gespürt haben – dass er überzeugt davon ist, Ihnen genügend Informationen zu gönnen. Das Problem ist: Er trifft eine Vorauswahl, was er für *wesentlich* und für *unwesentlich* hält. Und diese Vorauswahl unterliegt anderen Entscheidungskriterien als zu Ihrer Zielerfüllung nötig sind.

Reaktionsempfehlung

Erforschen Sie – zusammen mit Ihrem Chef –, ob Sie dieselben Ziele verfolgen. Vermutlich handelt es sich (vorausgesetzt, das Verhältnis ist sonst gut zwischen Ihnen) um ein schieres Verständigungsproblem. Hier werden unterschiedliche Prioritäten gesetzt. Was er für wichtig hält, liegt in Ihrer Skala eventuell ganz unten. Was er für unwichtig hält, brauchen Sie dringend, um in die Zielgerade einzubiegen.

Klären Sie mit ihrem nächsthöheren Chef die Prioritäten beider Seiten!

Da Ihr Chef – genau wie Sie – an Zielerfüllung gebunden ist, wird er sich die Zeit nehmen und mit Ihnen eine klare, neue Zieldefinition erarbeiten.

Also heißt auch hier wieder das Zauberwort: *Offenheit und Transparenz.*

Sackgasse: »Ich kümmere mich darum«

Sollten Sie einen Chef haben, von dem Sie oft hören: »Ja, ja, lassen Sie es mal hier, ich werde mich darum kümmern«, ohne dass etwas geschieht, dann gilt es, in Zukunft diplomatisch vorzugehen. Ihn immer wieder daran zu erinnern, dass er noch Unerledigtes auf seinem Schreibtisch liegen hat, bringt Sie eher in Misskredit, als dass Sie in »seiner« Aufgabe weiterkommen.

Reaktionsempfehlung

Sie hören den Satz: »Ja, ich kümmere mich darum, lassen Sie das mal hier« und sind diesmal darauf vorbereitet. Sie haben sich im Vorfeld bereits überlegt, was *Sie* zur Lösung dieser Aufgabe (unabhängig von Ihrem Chef) beitragen können und antworten: »Ich werde in der Zwischenzeit das und das selbst erledigen und bringe Ihnen dann die Ergebnisse mit.« So haben Sie eine gute Kontrolle darüber, wie weit er mit seiner Aufgabe gekommen ist, ohne ihn unangenehmerweise immer wieder daran erinnern zu müssen.

Sorgen Sie dafür, dass alle Versprechungen, die Ihnen Ihr Chef macht, bis zum Chef Ihres Chefs durchdringen und diesen neugierig machen. Es kann dadurch passieren, dass von der übernächsten Hierarchiestufe Ihre gute Leistung eingefordert wird, und somit kann Ihr direkter Chef kein »Leistungsverhinderer« mehr sein. (Vorausgesetzt, es geht bei Ihnen immer noch sehr hierarchisch zu.)

Chef drückt sich vor ungeliebten Aufgaben

Ihr Chef ist Meister im Delegieren von ungeliebten Aufgaben. Können Sie sich dagegen überhaupt zur Wehr setzen?

Reaktionsempfehlung

Wenn er (in Ihren Augen) faul ist, dann schreiben Sie ihm das Papier, das er braucht, um es an höherer Stelle vorzulegen. Machen Sie sich unentbehrlich. Aber bitte: Immer loyal bleiben, selbst wenn Ihnen Ihre Kar-

Bieten Sie Ihrem
Chef ein Aufga-
ben-Splitting an

»Ausgeprägte Eigenschaften« des Vorgesetzten lassen sich durch »ergänzendes Agieren« auffangen

riere wichtiger ist als alles andere. Eher selten gelingt es, den direkten Vorgesetzten aus dem Amt zu heben, denn auch von »noch weiter oben nach unten« existiert Loyalität, die dies zu verhindern wüsste. Wahrscheinlicher ist, dass Ihr direkter Vorgesetzter Sie für einen höheren Posten in einer anderen Abteilung vorschlagen wird. Vielleicht auch, weil Sie ihm zu gefährlich werden und er Sie loswerden möchte.

Chefs mit »ausgeprägten« Eigenschaften

Angenommen, Sie halten Ihren Chef für einen Chaoten, dann, bitte, seien Sie besonders akribisch und ordentlich. Treten Sie nicht in die Falle: »Selbst schlampig, aber bei andern meckern.« Sie kennen das Naturgesetz: Der Mensch beschäftigt sich am intensivsten mit dem, was ihm selbst nicht zu eigen ist. Hat er Hunger, redet er ununterbrochen vom Essen, ist er ein Hektiker, wird er betonen, dass er die Ruhe selbst ist, ist er faul, wird er oft und ausführlich darüber berichten, was er schon wieder alles geleistet hat …

Reaktionsempfehlung

Übernehmen Sie den Gegenpol: Ist Ihr Chef ein Hektiker – sind Sie die Ruhe selbst

Ergänzen Sie Ihren Vorgesetzten! Ist er ein ausgeprägter Zahlenmensch, dann unterstützen Sie ihn kreativ. Ist er eher künstlerisch veranlagt, dann braucht er vielleicht jemand, der ein waches Auge auf das Budget wirft. Ist er ein Hektiker, bleiben Sie ruhig usw. Sollten Sie das nicht erfüllen wollen oder können, dann hatte Ihre genaue Chefanalyse (Welche unliebsamen Eigenschaften hat er?) zumindest den Vorteil, dass Sie ihn nun besser kennen gelernt haben und somit besser einschätzen können.

Führung – ein schwieriges Kapitel

So lösen Sie Probleme, die aus Ihrem Führungsstil resultieren

Im Folgenden sind die Kernprobleme auf den Punkt gebracht. Entscheiden Sie, wo Sie aktiv werden müssen, und setzen Sie die vorgeschlagenen Maßnahmen um.

1. Sie sind seit einigen Wochen »im Amt« und führen Ihre Mitarbeiter – vielleicht aus Unsicherheit – mit strenger Hand, sprich: autoritär. Es macht sich zunehmend Unmut in der Abteilung breit, Motivation und Teamgeist sinken.

Sind Sie in dieser Situation?

☐ Nein

☐ Ja, folgende Zeichen für Unmut lassen sich erkennen:

_____

_____

Vorschläge zur Lösung des Problems:

Siehe dazu:

▶ Direktive Anweisungen und anschließende Kontrollmaßnahmen auf ein Mindestmaß herunterfahren

▶ Den Mitarbeitern den Sinn ihres Tuns vermitteln, damit sie aus eigenem Antrieb agieren und nicht (allein) aufgrund von Anweisungen von oben

▶ Seite 45 – 47

▶ Neue Anreize schaffen: den Mitarbeitern (wieder) Kompetenzen und Handlungsspielräume einräumen, damit sie (wieder) vermehrt Verantwortung für ihr Tun tragen

▶ Seite 46 – 47

Beginn der Maßnahmen: ab sofort

Erfolgskontrolle: nach 4 Wochen

Ergebnis: _____

Mögliche Maßnahmen bei anfänglichem Misserfolg:

Seite 204 ► Weiterführende Fachliteratur zum Thema Führung lesen.
Mein Buchtipp: Kälin/Müri, 1990

► Problem mit dem nächsthöheren Vorgesetzten besprechen

► An Schulungen in Sachen Führungsverhalten teilnehmen.
Tipp: Das Seminar sollte vor allem die Aspekte Macht und
Ethik behandeln und mit den Methoden der systemischen
Betriebsanalyse arbeiten. (Um den für Sie richtigen Trainer zu
finden, wenden Sie sich am besten an Ihre Personalabteilung
oder fragen nach anderweitigen Empfehlungen.)

2. Sie vertrauen Ihren Mitarbeitern, bauen auf deren
Kompetenzen und gewähren ihnen deshalb viele Freiräume,
sprich: Sie führen kooperativ oder demokratisch. Doch nun, nach
einigen Wochen in der neuen Position, werden Sie das Gefühl
nicht los, dass die Dinge Ihnen ein wenig entgleiten und bald das
schiere Chaos ausbrechen dürfte.

Geht es Ihnen so?

☐ Nein

☐ Ja, folgende Dinge scheinen mir zu entgleiten:

_____

_____

_____

Vorschläge zur Lösung des Problems:

▶ Den Informationsfluss in beide Richtungen verbessern sowie eine »Rückmeldungskultur« implementieren   ▶ Seite 55 – 56

▶ (Zwischen-)Ziele klar definieren und konkret formulieren sowie Zielerreichung kontrollieren   ▶ Seite 98 – 100

▶ In regelmäßigen Team-Besprechungen Erfolge, Probleme und Grad der Zielerreichung abfragen   ▶ Seite 98 – 100

▶ Etwas mehr Kontrolle wagen, denn sie bietet zugleich die Möglichkeit zur Anerkennung der Mitarbeiterleistung   ▶ Seite 98 – 100

Beginn der Maßnahmen: binnen 2 Wochen

Erfolgskontrolle: nach 8 Wochen

Ergebnis: _____

Mögliche Maßnahmen bei anfänglichem Misserfolg:

▶ Weiterführende Fachliteratur zum Thema Führung lesen. Mein Buchtipp: Kälin/Müri, 1993   ▶ Seite 204

▶ An Schulungen zum Thema Führungsverhalten, Ziele, Teamarbeit etc. teilnehmen. Tipp: Das Seminar sollte vor allem den Aspekt »Führungspersönlichkeit« behandeln. (Um den für Sie richtigen Trainer zu finden, wenden Sie sich am besten an Ihre Personalabteilung oder fragen nach anderweitigen Empfehlungen.)

3. In Ihrer Abteilung läuft alles bestens. Der einzige Wermutstropfen der neuen Position: das Verhältnis zwischen Ihnen und Ihrem nächsthöheren Vorgesetzten. Er informiert mangelhaft, macht lieber alles selbst, wirft Ihnen zum Beispiel Schlamperei vor, obwohl er selbst der größte Chaot ist.

Haben Sie einen solchen Chef über sich?

☐   Nein

☐   Ja, vor allem folgende Dinge bereiten Probleme:

_____

_____

Vorschläge zur Lösung des Problems:

Seite 55 – 56   ▶   Gemeinsam klären, welche Informationen für den Erfolg Ihrer Arbeit wichtig sind, welche nicht

▶   Auf eine klare Aufgaben- und Kompetenzverteilung dringen

Seite 57, 152   ▶   Ihrem Chef vorleben, welche Vorteile es ihm bringt, Aufgaben an Sie zu delegieren

Seite 58   ▶   Als »ausgleichendes bzw. ergänzendes Moment«agieren, falls Ihr Chef über »ausgeprägte«Eigenschaften verfügt wie Neigung zu chaotischer Arbeitsweise

Beginn der Maßnahmen: binnen 2 Wochen

Erfolgskontrolle: nach 8 Wochen

Ergebnis: _____

Mögliche Maßnahmen bei anfänglichem Misserfolg:

▶ Vorgesetzten erneut für das Problem sensibilisieren

▶ Problem mit vertrauenswürdigem Kollegen derselben
  Hierarchiestufe besprechen

▶ Notfalls Unterstützung der Geschäftsleitung erbitten

*Wenn Sie diese Probleme erfolgreich bewältigt haben, können Sie
entweder direkt zu Kapitel 3 übergehen oder Sie blättern zurück zur
»Situationsanalyse« und beschäftigen sich dort mit Punkt 3.*

3 Kommunikation – Siegen ist nicht alles!

Ziel des Kapitels: Vertrauen und Akzeptanz bewirken durch faire Kommunikation

Jeder Sieg kostet Sympathie – und nur Sie entscheiden, ob der Sieg Ihnen diesen Verlust wert ist. Denn: Jeder Verlierer muss sich zum Ziel setzen, auch wieder einmal Sieger zu sein, und er wird alles daran setzen, seinen »Gegner« vom letzten Mal zum Verlierer zu machen. Wie Sie diesen Teufelskreis mithilfe fairer Kommunikation durchbrechen, zeigt dieses Kapitel!

3.1 Unfaire Dialektik

Erwin Huber (bayerischer Staatsminister) hat vor Jahren als Werbung für die Landtagswahl der CSU folgenden Text in einem Werbespot gesprochen: »Immer wenn wir mit der SPD einen sachlichen Dialog über den Ausbau des mittleren Rings führen wollen, kontern die mit dem Satz: ›Sie haben ein Doppelkinn.‹ « Er wollte dem Wähler damit die Botschaft vermitteln: »Wähle auf keinen Fall die SPD, die sind *nur* unfair. Weil jedoch in Bayern *immer* die CSU gewinnt, war nicht zu erkennen, ob seine Werbung Erfolg hatte …

Dies Beispiel führt uns bereits mitten hinein in die *unfaire Dialektik*. Auf diesem »Markt« tummeln sich sehr viele Sprüche, hier nur einige als Kostprobe:

Unfaire Dialektik macht Ihre Mitarbeiter zu »Verlierern«

Hat sich Ihre Lösung schon einmal irgendwo bewährt?
Können Sie das als Frau überhaupt beurteilen?
In der Theorie klingt das ganz nett, die Praxis sieht anders aus.
Völliger Unsinn Ihr Vorschlag!

Sie sollten sich in Zukunft ein bisschen besser vorbereiten.
Ja, ja, ganz nett, Ihr Vorschlag, aber …

Was sie bewirken soll

Die Ziele unfairer Dialektik sind unter anderem:

▶ den Gesprächspartner zu provozieren, um ihm unbedachte Äußerungen zu entlocken;

▶ den Gesprächspartner von seinem Ziel abzulenken, damit der »Angreifer« seine These besser vertreten kann;

▶ den Gesprächspartner zu emotionalisieren, um ihn damit aus dem Konzept zu werfen;

▶ den Gesprächspartner zu verunsichern, zu verwirren usw., damit der »Angegriffene« vor der restlichen Gesprächsrunde wenig kompetent erscheint (umgangssprachlich: damit er alt aussieht).

Möglicherweise pflegten Sie und Ihre ehemaligen Kollegen einen rauen, aber herzlichen Ton. Da können auch schon mal Bemerkungen gefallen sein wie: »Gibt es deinen Anzug auch in deiner Größe?« oder »Wann wirst du endlich so alt, wie du heute schon aussiehst?« Und keiner nahm es dem anderen übel. Denn die Gruppe hatte ein Klima geschaffen, in dem alle wussten, wie solche Frotzeleien gemeint waren. Es konnte zumindest immer Spaß unterstellt werden. Nun, eine Etage höher sind solche Äußerungen anders zu bewerten, da es sich nicht mehr um den legeren Ton unter Kollegen handelt.

FALLBEISPIEL

Sie sitzen jetzt öfter in Besprechungen, nehmen an Verhandlungen teil, in denen es manchmal »um die Wurst geht«. Das heißt, Sie müssen alle erdenklichen Register ziehen, um zum Beispiel die Höhe der Budgetsumme durchzusetzen, die Sie zur Realisierung Ihres Zieles dringend benötigen. Anderen Abteilungen geht es genauso und es ist eben nur eine gewisse Summe X vorhanden, die verteilt werden kann. Und nun begegnen Ihnen hier zum ersten Mal »offiziell« unfaire Äußerungen.

Ziele unfairer Dialektik: verunsichern, vom Ziel ablenken, degradieren

Ist das Klima gut, nimmt niemand kleine Frotzeleien übel

**Kompetenz-
gerangel sollte
in Sachargu-
mentation
»umgewandelt«
werden**

Sie sind gerade dabei, sehr schlüssig zu argumentieren, was Sie mit dem Budget alles (zur Steigerung des Umsatzes) auf die Beine stellen können – plötzlich werden Sie von einem Abteilungsleiter (älterer Kollege) unterbrochen mit der Bemerkung: »Sehr engagiert unser junger Kollege, aber wollen wir nicht erst einmal abwarten, bis er ein wenig Erfahrung in seiner neuen Position gesammelt hat?« Dabei schaut er sich beifallheischend um und Sie beobachten entsetzt, wie einige Kollegen zustimmend nicken und … das Thema wechseln.

Was tun in einer solchen Lage? Sauer reagieren? Da würde Ihnen sofort Unreife unterstellt werden. Die Situation schleifen lassen? Dann geht Ihnen das Budget flöten. Oder erklären, was Sie in der Vergangenheit bereits alles geleistet haben und welche Zertifikate Sie haben, die Ihre Qualifikation beweisen? Dann sind Sie genau in die Falle *Kompetenz-gerangel* getreten.

Reaktionsempfehlung

Bleiben Sie ruhig (auch wenn Sie Ruhe »spielen« müssen). Decken Sie die spezifische Taktik der unfairen Dialektik auf, nämlich: *Bestreiten der Fachkompetenz.* Man unterstellt Ihnen unzulängliche Erfahrung, mangelnde Sachkunde usw.

**Oberstes Gebot
bei unfairen
Angriffen: Ruhe
bewahren!**

Statt sich auf ein Kompetenzgerangel einzulassen, bemühen Sie sich, die »Kompetenzdiskussion« in eine »Sachargumentation« umzuwandeln. Zum Beispiel mit der Bemerkung: »Lassen Sie uns bitte wieder zur sachlichen Diskussion zurückkehren, denn es geht nicht darum, wer die besseren Zertifikate hat.« Wenn Sie das in ruhigem Ton sagen konnten, haben Sie das erste Mal gegen unfaire Dialektik gekontert, ohne die Stimmung gegen Sie aufzuheizen. Gratulation!

Zehn unfaire Taktiken – und wie Sie reagieren sollten

Unfaire Tricks und Taktiken, die Sie im normalen Geschäftsleben häufiger finden dürften, sind:

1. **Emotionalisierung**
   - ▶ Persönliche Angriffe
   - ▶ Beleidigungen
   - ▶ Killerphrasen:

   Totaler Unsinn, Ihr Vorschlag!
   Können Sie das als Frau überhaupt beurteilen?
   Das mag ja bei Ihnen gehen, bei uns ist das ganz anders.

2. **Bestreiten Ihrer Fachkompetenz**
   Man wirft Ihnen
   - ▶ mangelnde Sachkenntnis,
   - ▶ nicht ausreichende Erfahrung,
   - ▶ dass Sie zu jung oder
   - ▶ zu alt sind,

   vor.

3. **Persönliche Meinungen werden wie fundierte Tatsachen dargestellt**
   Hier begegnen Ihnen Sätze wie:
   Der Fall ist doch ganz klar!
   Sie können mit Sicherheit davon ausgehen …
   Es erübrigt sich jede weitere Diskussion darüber, dass …

4. **Tatsachen und beweisbare Untersuchungen werden abgestritten**
   Das klingt dann so:
   Sie sind falsch informiert.
   Das, was Sie da sagen, stimmt überhaupt nicht.

5. **Übertreibungen**
   … gehen oft unter die Gürtellinie:
   So, so, Sie wollen die eierlegende Wollmilchsau, ha, ha.

Mit unfairen Taktiken will man Ihnen quasi das Gehirn vernebeln

6. **Einzelfälle werden als allgemein gültige »Beweise« angeführt**
Dieser Trick funktioniert so:
Das Unternehmen X hat ausgesprochen schlechte Erfahrung mit diesem Programm gemacht, damit dürfte doch klar sein, dass es nichts taugt.

7. **Ihre eigene Meinungsänderung wird Ihnen zum Vorwurf gemacht**
Da heißt es dann ironisch:
Ach, wie kommt es denn plötzlich zu diesem Sinneswandel?

8. **Hypothetische Behauptungen und Folgen**
Eine Kostprobe:
Stellen Sie sich vor, dann möchte plötzlich Ihre ganze Abteilung dieses Seminar besuchen.

9. **»Ja, aber«-Taktik**
Dieser Griff in die Trickkiste riecht nach Zuckerbrot und Peitsche:
Ich finde Ihre Idee grundsätzlich einleuchtend, aber in diesem speziellen Fall sollte man doch lieber …

10. **Durch Statussymbole und langjährige Erfahrung beeindrucken**
… damit das Gegenüber sich ganz klein vorkommt:
Sie können mir ruhig glauben, ich bin schon jahrelang hier tätig!

1. Emotionalisierung

Das läuft dann zum Beispiel so ab:
Angriff: *Wann ist Ihnen denn dieser Schwachsinn eingefallen?*
Verständliche »spontane« Reaktion: *Das ist kein Schwachsinn, schließlich habe ich schon sehr häufig bewiesen, dass gerade dieses Gebiet meine Stärke …*

Leider ist genau dieser Konter falsch!!
Sie sollen sich so provoziert fühlen, dass Ihr klarer Verstand abschaltet und blanke Aggression Ihr Gehirn vernebelt. Damit können Sie nicht mehr in Ruhe überlegen, Ihre Selbstkontrolle leidet und Sie müssen in die Verteidigung gehen oder lassen sich eventuell sogar zu unbedachten Äußerungen hinreißen. Damit hat der »Gegner« (s)einen Sieg errungen.

Reaktionsempfehlung

Bitte sofort den persönlichen »Airbag« aufpumpen! Bleiben Sie ruhig. Wenn Sie die Taktik erkannt haben, dann nennen Sie sie gelassen beim Namen: Aha, Provokation, bitte lassen Sie uns sachlich argumentieren! Also, der Sachverhalt ist folgender …

Doch es gibt natürlich Bemerkungen, die wollen und können Sie nicht einfach so stehen lassen.

Ein Beispiel:

Es hat sich bereits herumgesprochen, dass Sie den Damen im Unternehmen mehr Aufmerksamkeit schenken als Ihrer Konzeption. Wenn Sie keinen anderen Ausweg sehen als zurückzuschlagen, dann bitte ein wenig fairer als der Gegner, vielleicht so: *Lieber mit Damen flirten, als mit Akten verstauben.*

Gefahr: Dies könnte wieder eine Bemerkung des Gegners provozieren und darauf kontern Sie wieder usw. Und schon schaukelt sich die aggressive Stimmung hoch.

2. Bestreiten Ihrer Fachkompetenz

In diesem Fall sind Sie angeblich zu jung (können die Erfahrung noch nicht haben) oder zu alt (sind nicht mit der Zeit gegangen), Sie haben den falschen Job, keine Ahnung usw.

Reaktionsempfehlung

Lassen Sie sich auch hier nicht auf ein Kompetenzgerangel ein. Bitte auch nicht zu Verteidigung oder Rechtfertigung greifen, sondern: Kompetenzdiskussion wieder in Sachdiskussion verwandeln, vielleicht mit dem Satz: Wollen wir uns wirklich darüber unterhalten, wer den besseren Ausbildungsnachweis hat, oder können wir wieder zur Sache kommen? Also, der Punkt ist …

Falls sich ein Kollege mit seinem Fachgebiet profilieren möchte und versucht, Sie auf diesem (Ihnen wenig bekannten) Gebiet als absolut inkompetent hinzustellen, dann machen Sie ihn auf seinen »Denkfehler« aufmerksam: Wir haben Sie deshalb als Experten in unserer Runde, um wesentliche Aspekte zu Ihrem Fachgebiet zu hören, nicht, um über unsere jeweiligen Spezialgebiete zu diskutieren.

Marginalien:

Fast immer hilfreich bei unfairer Dialektik: auf die Sachebene zurücklenken

Auch nicht ganz fair, aber manchmal notwendig: eine witzige oder ironische Replik

3. Persönliche Meinungen werden wie fundierte Tatsachen dargestellt

Diese Taktik wird gerne angewandt, wenn der »Gesprächspartner« erkennt, dass er in der schwächeren Argumenteposition steckt. Dann versucht er, seine »Schwäche« mit aufgeblasenen Floskeln zu überspielen:

Es ist eine eindeutige Tatsache, dass …
Es besteht kein Zweifel darüber, dass …
Es bedarf doch wohl keiner weiteren Diskussion mehr.

Reaktionsempfehlung

Nachfragen, nachfragen, nachfragen! Behauptungen müssen belegt werden: *Wie begründen Sie Ihren Standpunkt? Auf welche Informationsquelle greifen Sie zurück?*

4. Tatsachen und beweisbare Untersuchungen werden abgestritten

Man versucht, durch diese Provokation Ihre Glaubwürdigkeit infrage zu stellen: *Ihre Informationsquelle scheint versiegt zu sein.*

Reaktionsempfehlung

Lassen Sie sich nicht zu unbedachten Äußerungen hinreißen. Keine Verteidigung und keine Rechtfertigung! Sie gehen exzellent vorbereitet in jede Sitzung und können somit aus einem hohen Wissenspotenzial schöpfen! Wiederholen Sie Ihre Argumente ruhig und sachlich. Ignorieren Sie den Einwurf Ihres Gegners!

5. Übertreibungen

Sie sollen bloßgestellt werden, man will Sie lächerlich machen:

Bei dem, was Sie mit Ihrem Budget alles in Gang setzen wollen, können wir Sie ja gleich zum Vorstand ernennen, ha, ha.

Reaktionsempfehlung

Nennen Sie die Taktik ruhig und gelassen beim Namen: *Hier erkenne sogar ich, dass es sich um eine Übertreibung handelt, aber zurück zum differenzierten Nutzen für das Unternehmen …*

6. Einzelfälle werden als allgemein gültige »Beweise« angeführt

Hier will man Ihre Idee »killen«. Ihr Gegenüber versucht, mit persönlichen Erfahrungen und ein paar einzelnen Fällen zu dem vermeintlich logischen Rückschluss zu gelangen, dass Ihr Vorhaben nichts taugt!

Reaktionsempfehlung

Machen Sie ihn darauf aufmerksam, dass einzelne Beispiele gar nichts beweisen. Da Sie tadellos vorbereitet sind, können Sie wirklich stichhaltig argumentieren und damit seine läppischen Einzelfälle locker vom Tisch fegen.

7. Ihre eigene Meinungsänderung wird Ihnen zum Vorwurf gemacht

Diese Taktik soll Sie als *wankelmütig* hinstellen:
Gestern klang das aber noch ganz anders.

Reaktionsempfehlung

Zitieren Sie Konrad Adenauer, der gesagt haben soll: »Wat jeht mich mein dummes Jeschwätz von jestern an.« Können Sie aber nur, wenn Sie sich der Sympathien Ihrer Gesprächspartner grundsätzlich sicher sind. Sonst wirkt es arrogant.

Oder Sie weisen auf Ihre Lernfähigkeit hin. Machen darauf aufmerksam, dass Sie neue Aspekte hinzugewonnen haben.

8. Hypothetische Behauptungen und Folgen

Hier will man Ihre Überzeugungskraft dadurch schmälern, indem man Ihre Meinung an lächerliche Hypothesen andockt. Und nun überstrahlt die *Lächerlichkeit* der hypothetischen Folge auch Ihr Argument:
Stellen Sie sich vor, jetzt würde jeder seinen Wagen auf den Firmenparkplatz stellen. Dann könnten wir die Autos stapeln.

Gelassenheit und Souveränität ist ein gutes Mittel gegen unfaire Angriffe

Was bei verallgemeinernden Hypothesen hilft: den mangelnden Realitätsbezug aufdecken

Wer meint, andere beeindrucken zu müssen, dem kann man souverän Lob zollen

Reaktionsempfehlung

Weisen Sie auch hier auf den »Denkfehler« hin. Sagen Sie, dass ein *besonderer* Fall *besonders* behandelt werden muss und nicht zum »Allgemeinplatz« vorkommen darf. Prüfen Sie den Realitätsbezug: *Es geht nicht um alle, sondern um diesen besonderen Fall. Also, meine Begründung …*

9. »Ja, aber«-Taktik

Hier wird Ihnen scheinbar zugestimmt, um Sie einzulullen. Und dann, wenn Sie sich der Zustimmung sicher zu sein scheinen, kommt das plötzliche Aber und damit kippt die Stimmung gegen Sie:

Ich bin ja grundsätzlich auch der Meinung, dass wir die Anforderungen in den EDV-Schulungen etwas erleichtern sollten, aber dann können wir die Zertifikate gleich zu Beginn des Kurses aushändigen.

Reaktionsempfehlung

Zeigen Sie den inneren Widerspruch auf: erst dafür sein und dann doch dagegen. Sagen Sie zum Beispiel: *Was gilt denn nun, die erste Hälfte Ihres Satzes oder die zweite?*

10. Durch Statussymbole und langjährige Erfahrung beeindrucken

Wenn ich diese Maschine nicht wie meine Westentasche kennen würde – schließlich habe ich sie jahrelang betreut –, dann wäre niemandem das merkwürdige Geräusch aufgefallen, das hätte die Firma einen Haufen Geld gekostet.

Hier ist ein deutliches Bedürfnis nach *Anerkennung* zu spüren.

Tenor des Lobs: »Sie sind der Experte. Welche Lösung schlagen Sie also vor?«

Reaktionsempfehlung

Es fällt Ihnen kein Stein aus der Krone, wenn Sie hier loben: *Wir sind froh, dass wir Sie als Experten in unserem Team haben. Was schlagen Sie also vor, um weitere Unfälle zu verhindern?*

3.2 Faire Dialektik

Ziel fairer Dialektik ist: Konsensbildung, faire Gesprächsführung, kreative Problemlösung, gemeinsamer Erkenntnisfortschritt. Dialektik ist
demnach keine Technik, sondern weitaus eher eine Kunst. Dialektische
Fähigkeiten sind zum Beispiel: analytisches und logisches Denkver-
mögen, Kontaktfähigkeit, Einfühlungsvermögen, Beharrlichkeit, Stress-
resistenz, Kreativität, Konzentrationsfähigkeit, Kontaktfreude etc.

FALLBEISPIEL

Stellen Sie sich vor, Sie wären begeisterter Skifahrer, alpin natürlich.
Für die eifrigen Langläufer haben Sie nur ein mildes Lächeln. Sie geraten mit einem solch »langlaufenden Schlaffi« in eine Diskussion und
versuchen, ihn von seiner »falschen« Sportart abzubringen und ihn
für »alpin« zu begeistern.

   Sie beginnen, schwungvoll Ihre Meinung lautstark zu vertreten:
»Langlauf ist doch das Letzte, fad und reizlos, kein ›Thrill‹. Immer nur
geradeaus, mal ein bisschen bergab, mal ein bisschen bergauf, und
das auch noch in gespurten Bahnen, Loipen genannt. Da lach ich ja!
Bei alpinen Abfahrten, da geht wirklich die Post ab, hier kann man
mal richtig zeigen, was man drauf hat. Mal Tiefschnee, mal Buckelpiste, mal ›Autobahn‹, das prickelt. Und erst der Panoramablick!
Abends ist man dann richtig ausgepumpt. Da hast du richtig was
getan! Genau die richtige Stimmung für Après-Ski.«

   Während Ihrer zündenden Rede hatte Ihr Gesprächspartner genügend Zeit, einen Haufen Gegenargumente zu sammeln: »Diese Idio-
ten auf den Pisten! Diese hirnlosen Raser, die in den wenigsten Fällen
ihre Skier so im Griff haben, dass sie bei einem Hindernis sofort brem-
sen können. Die Dümmsten reißen das Maul am weitesten auf.
Die meisten stehen doch stocksteif auf ihren Skiern und versuchen,
mit Geschwindigkeit ihre miese Technik auszugleichen …«

   So, nun ist die Reihe wieder an Ihnen und Sie versuchen, mit noch
lauteren Argumenten die des Gegners zu »toppen«. Klassischer Fall
von (nutzlosem) Ping-Pong.

These und Anti-
these sollten
stets die Syn-
these zum
Ziel haben

These, Antithese, Synthese

In dem Beispiel oben trifft *These* auf *Antithese*, dann Antithese auf
These und wieder These auf Antithese usw.

Wem nutzt dieses Ping-Pong-Spiel etwas? Niemandem! Im Gegenteil: Die Gesprächspartner verharren in der sinnlosen Verteidigung
ihrer Lieblingssportart. Das Gesprächsklima verschlechtert sich und
keiner der beiden fühlt sich in seiner Meinung respektiert. Ob sich die
Diskussion »nur« an einer Sportart entzündet oder ob es sich um einen
strittigen Punkt im Unternehmen handelt, das Prinzip (»Solange du
meine Meinung abwertest, finde ich deine auch zum Kotzen«) bleibt
erhalten. Alles rein sachlich, versteht sich.

Die dialektische Kunst ist es, nun zu einer *Synthese* zu gelangen. Zu
einem *gemeinsamen* Erkenntnisfortschritt. In unserem Beispiel: Was
haben beide Sportarten *gemeinsam*? Sie finden im Schnee statt. Was
wird für *beide* Sportarten benötigt? Skier und Stöcke! Was tun *beide*
Personen? Sie bewegen sich an der frischen Luft. Usw. Also: So weit
voneinander entfernt sind die beiden gar nicht. Darauf lässt sich sicher
etwas aufbauen, das zur Akzeptanz der jeweils fremden Meinung führt
und dadurch vielleicht zu einem Konsens. Eventuell erklären Sie sich
ja sogar bereit, mal mit auf die Loipe zu gehen und diese Sportart mit
den Augen des begeisterten Langläufers zu sehen. Zumindest haben Sie
sich diese Option nicht endgültig verstellt.

> **WISSENSWERT**
>
> Halten wir fest: These und Antithese führen in der Kunst der
> fairen Dialektik früher oder später zur Synthese.

Die Suche nach
Gemeinsam-
keiten hilft die
Synthese her-
beiführen

These und Antithese ohne das Endziel Synthese können Sie hingegen mit einem Ping-Pong-Spiel vergleichen. Die Argumente werden
lediglich hin- und hergespielt. Sie sagen etwas, der »Gegner« entgegnet,
Sie reagieren wiederum darauf und allmählich wird die Stimmung immer aggressiver. Die Standpunkte verhärten sich, es bewegt sich (auch
im Kopf) nichts mehr weiter. Plötzlich zieht Ihr Gegner noch einen letz-

ten Trumpf aus der Tasche und überrumpelt Sie damit derart, dass Ihnen dazu beim besten Willen nichts mehr einfällt – und Sie geben auf. Der strahlende »Sieger« ist Ihr Gegner. Da weder Sie noch irgendein anderer Mensch gern der »Verlierer« sein möchte, werden Sie jede Gelegenheit nutzen, um diese »Schieflage« wieder auszugleichen, sprich: Ihr Unterbewusstsein sorgt dafür, dass Sie wieder »siegen«. Somit sind die Voraussetzungen denkbar schlecht, jemals einen gemeinsamen Konsens zu finden, sprich: zu einer Synthese zu gelangen.

Reaktionsempfehlung

Raus aus dem Ping-Pong-Spiel! Sie gehen mit dem Ziel in die schwierige Verhandlung, eine tragfähige Lösung zu finden und nicht, um zu beweisen, dass Sie »besser« sind! Fragen Sie sich vor dem Gespräch: Wozu soll es »dienen«? und nicht: Wozu soll ich es überhaupt führen, es ist doch sowieso klar, dass …?

Platons Regeln

Die alten Griechen haben uns des Öfteren gezeigt, wie schwierige Gesprächssituationen leichter zu meistern sind. Daher verwundert es nicht, dass sich auch *Platon* im Jahre 427 v. Chr. bereits Gedanken zur »Kunst des Überzeugens« gemacht hat.

Platon stellte drei Regeln auf, die ich in Rupert Lay's Buch »Dialektik für Manager« (1983, Seite 19 ff.) fand und auf den folgenden Seiten sinngemäß wie folgt zusammengefasst habe:

1. Sei altrozentriert.
2. Spreche Emotionalität an.
3. Beachte die vier kommunikativen Bedürfnisse deiner Gesprächspartner.

Die Regeln im Einzelnen:

Das »Sieger-Verlierer-Spiel« führt nur selten zu konsensfähigen Lösungsansätzen

Von den »alten Griechen« lernen: Das bringt auch Sie weiter!

»Altrozentrie-
rung« bedeutet:
die Meinung,
die Interessen
des Gesprächs-
partners ernst
zu nehmen

1. Sei altrozentriert

Dies heißt: *Stelle das Interesse und das Ziel deines Gesprächspartners vor deine persönlichen Bedürfnisse und Erwartungen – ohne allerdings dein eigenes Ziel aus den Augen zu verlieren.*

Anders ausgedrückt: Nehmen Sie die Meinung des anderen ernst und zeigen Sie es ihm (selbst wenn sie Ihnen noch so schwachsinnig erscheint). Man kann auch sagen: Gehe in den Mokassins deines Gesprächspartners, denn nur dann lernst du seinen Standpunkt besser verstehen.

Beispiel Skifahren. Lassen wir die voranstehende Diskussion (alpin versus Langlauf) noch einmal unter dem Aspekt der *Altrozentrierung* stattfinden:

FALLBEISPIEL

»Also, es liegt doch auf der Hand, dass das alpine Skifahren mehr Reiz hat. Mal im Tiefschnee wedeln, es mal auf einer ›Autobahn‹ so richtig krachen lassen, mal in die Buckelpiste …, toll! Dann das Panorama – es ist ein unbeschreibliches Gefühl, vom Gipfel aus den Blick über die verschneiten Kuppen schweifen zu lassen. Niemals könnte ich langlaufen, dann kann ich gleich zu Haus bleiben!«

»Den Reiz kann ich sehen, die Möglichkeiten am Hang sind wirklich sehr, sehr vielfältig. Und ich kann mir vorstellen, dass ein exzellenter Skifahrer absolut auf seine Kosten kommt *(hier geht der Langläufer in den Mokassins des Alpinen)*. Klar, beim Langlaufen geht es weit ruhiger zu, die Bewegungen sind ausgeglichen und mehr rhythmisch, die Spur ist vorbestimmt. Für die Gelenke ist es eine Erholung. Gut, die sportliche Herausforderung liegt eher in der Ausdauer als in der

Die Interessen
des anderen
ernst nehmen
heißt nicht, das
eigene Ziel aus
den Augen zu
verlieren!

Geschwindigkeit – aber es ist auch eine Sportart im Schnee, an der Luft …« *(aber er lässt sein eigenes Interesse nicht aus den Augen)*. Jetzt fühlt sich der »Alpine« ernst genommen und braucht die Meinung des Langläufers nicht mehr zu überbieten: »So habe ich es noch nicht gesehen, klingt recht überzeugend …« Jetzt ist der Boden bereitet, um darauf neue Ideen und Konzepte etc. aufzubauen. Die Konfrontationsstimmung ist umschifft.

2. Spreche Emotionalität an

Dies heißt: *Ich muss die Gefühlsebene meines Gesprächspartners erreichen, allerdings so, dass seine rationale Kontrolle erhalten bleibt.*

Ein Negativbeispiel aus Amerika:

FALLBEISPIEL

Eine Versicherungsgesellschaft schickte zur Zeit der schlimmsten Rushhour einen Vertreter vor die Haustür einer auf den Ehemann wartenden Ehefrau – mit einem Videoabspielgerät in der Hand. Er klingelt, die Hausfrau öffnet, das kleine Töchterchen steht neugierig daneben. Auf dem Monitor ist ein schrecklicher Verkehrsunfall zu sehen. Der Vertreter hält der Ehefrau diesen Film vor die Nase und fragt: »Was würden Sie machen, wenn Ihr Mann in diesen grässlichen Unfall verwickelt wäre? Sind Sie wirklich ausreichend abgesichert, um dann für sich und Ihre süße Kleine sorgen zu können?«

Auf diese Weise sollte der schreckensbleichen Ehefrau eine Versicherung aus den Rippen geleiert werden. Die rationale Kontrolle ist durch das Schreckensvideo perfekt außer Kraft gesetzt. In dieser Form emotionalisiert, sind Menschen zu den unüberlegtesten Handlungen fähig. Ähnliches passiert mit unseren Senioren auf den so genannten Kaffeefahrten. Sie fühlen sich verführt, zum Beispiel unnütze 36-teilige Bestecke zu kaufen. Sie kommen mit Heizdecken, Lamadecken, Kaffeeservicen und Ähnlichem von den Fahrten zurück. Die zu zahlenden Beträge reißen anschließend tiefe Löcher in den Geldbeutel. Die Erklärung für die unsinnigen Käufe könnte hier ebenfalls in der Emotionalisierung liegen: »Endlich mal raus aus der häuslichen Isolation«, »So ein reizender Conférencier, der so nett zuhören kann« – und der überzeugend erklärt, dass das einmalig günstige Geschirr jedes Enkelchen beglückt …

Was passiert, wenn die emotionale Vernebelung des Gehirns nachlässt und der klare Verstand wieder die Oberhand erhält?

Die Gefühlsebene des Gesprächspartners muss angesprochen werden

Zum Thema Sachebene – Gefühlsebene lesen Sie mehr im Kapitel »Hirndominanz und Denkweise«, Seite 171

**Wichtig: die
Widerstände des
Gesprächspart-
ners gegenüber
dem Gesagten
erkennen lernen**

Es entsteht Reue! »Warum habe ich nur so viel Geld ausgegeben! Was soll ich mit dem ganzen Besteck!« Hier hat sogar der Gesetzgeber eingegriffen und den Senioren Zeit eingeräumt, innerhalb einer bestimmten Frist vom Kauf zurückzutreten. Fazit: Ausschließlich auf die Gefühlsebene zu zielen, erzeugt später Reue und dadurch den Wunsch, das Geschäft rückgängig zu machen!

EXPERTENTIPP

Sie können die Gefühlsebene Ihres Gesprächspartners dadurch erreichen, indem Sie selbst von Ihrer Sache zutiefst überzeugt sind und durch Ihre Überzeugungskraft den Partner im Innersten berühren. So sprechen Sie Emotionalität an, ohne die rationale Kontrolle auszuschalten.

Im Gegenteil: Sie argumentieren klar und deutlich, Sie legen Fakten auf den Tisch und Ihr »inneres Feuer« zündet unbewusst beim Gegenüber ebenfalls die Flamme an. Das Gleiche funktioniert mit Begeisterung. Allerdings immer in Kombination mit fundierten Informationen.

Bei dieser »platonischen« Regel begegnen Ihnen allerdings möglicherweise drei Widerstände. Rupert Lay (1983) nennt sie:

Antipathiewiderstand

Die Gesprächspartner können sich nicht leiden. Dadurch werden die Argumente des jeweiligen Gegenübers negativ bewertet und somit grundsätzlich als unzutreffend, ungenügend oder unpassend abgelehnt.

Hier kommt die wichtigste Regel der Dialektik zum Tragen: *Jeder Sieg kostet Sympathie und nur Sie entscheiden, ob der Sieg diesen Verlust aufwiegt.* Manch »Dialektik-Einsteiger« hat sich schon zu Tode gesiegt!

**Den Antipathie-
widerstand auf-
zulösen gelingt
nur mit viel
Geduld und
fairen Mitteln**

Rationale Widerstände

Die zweite Form des Widerstandes kommt zustande, wenn der oder die Gesprächspartner anders informiert sind oder die Gewichtung der Information anders setzten als Sie. Diese Form des Widerstandes ist auch für Dialektik-Einsteiger relativ leicht zu bewältigen (zum Beispiel durch sehr gute Vorbereitung auf die Verhandlung).

Emotionale Widerstände

Unsere Gesellschaftsform lässt augenblicklich nur rational begründe- te Widerstände zu. Daher werden aufkeimende *Ängste* oder *Befürch- tungen* rational verkleidet: Um zum Beispiel Angst vor Atomkraftwer- ken zu begründen, wird manch (rationaler) Unsinn verzapft, nur, um das Wort »Angst« zu vermeiden und sich nicht der Gefühlsblamage auszusetzen. Im Nu haben die gewieften Atombefürworter die Argu- mente zerpflückt und stolz den Sieg errungen.

Für Dialektik-Anfänger manchmal schwer zu erkennen: ob hinter den vermeintlich rationalen Ablehnungen nicht doch emotionale Wi- derstände stecken. Sie merken es spätestens dann, wenn sie sich in den »Argumentations-Clinch« einlassen und sich plötzlich im »Ping-Pong« wiederfinden. (Das Beispiel Skifahren greift auch hier, da die Entschei- dung für Langlauf oder alpin stark durch den Lustfaktor geprägt ist!)

Die kommu- nikativen Bedürfnisse des Gesprächspart- ners müssen erkannt werden

3. Beachte die vier kommunikativen Bedürfnisse deines Gesprächspartners

Dies heißt: *Nimm wahr, dass für dein Gegenüber folgende Faktoren eine Rolle spielen:*

▶ Kontaktive Intention
▶ Informatorische Intention
▶ Selbstdarstellung
▶ Versteckte Appelle

Kontaktive und informatorische Intention

Nehmen wir uns wirklich genügend Zeit, unsere Gesprächspartner kennen zu lernen? »Zeit ist Geld – und es kommt einer reinen Geldver- schwendung gleich, wenn sich das Vorgeplänkel unnütz in die Länge zieht!« So höre ich oft meine Seminarteilnehmer reden. Falls aber auf der kontaktiven Schicht (auch *Beziehungsebene* genannt) Vorbehalte gegen die Gesprächspartner auftauchen, Unsicherheit herrscht, kein angstfreies Klima besteht, so werden auch die Informationen nicht un-

Wichtig beim Gespräch: die Aufwärmphase

Das kontaktive Moment darf im Gespräch nicht zu kurz kommen

belastet ausgetauscht – und damit fehlinterpretiert, missverstanden, falsch verarbeitet usw.

> ### WISSENSWERT
>
> Dominiert von dem Diktat der »Daten-, Fakten-, Zahlen-Welt« beschränkt sich (auch in Führungsetagen) die Kommunikation auf die Inhaltsebenen (informatorische Schicht). Lay schreibt: »Damit reduziert sich menschliche Kommunikation auf katastrophale Weise.«

Sehen wir uns einmal in Ländern um, die der Kommunikation eine andere Gewichtung einräumen, Japan zum Beispiel. Wenn dort verhandelt wird, ist die Basis für die Verhandlung die ausreichende »Kontaktvergewisserung« (Lay, 1983, Seite 23).

Die dortigen Rituale des »Miteinanderwarmwerdens«, wie zum Beispiel Geschenke austauschen, Rangordnung einhalten, Begrüßungszeremonie usw., sind für uns fremd und dauern uns zu lang. Was hingegen haben wir für »Kennenlernrituale«? Händeschütteln, Kaffee anbieten und Schluss mit lustig! – endlich zur Sache kommen. Was haben Sie in Erinnerung von Verhandlungen mit Italienern? Lang und ausschweifend essen gehen! Über »Gott und die Welt« reden und erst ganz am Ende der dreistündigen Mahlzeit endlich (kurz) zum geschäftlichen Teil kommen. Da dreht sich uns Deutschen oft der Magen um – so eine eklatante Zeitverschwendung! Was hätte da schon alles besprochen sein können!

Bei näherer Betrachtung ist das ausführliche kontaktive Moment jedoch keineswegs eine Zeitverschwendung. Denn wenn ich einen Verhandlungspartner einschätzen kann, um seine empfindlichen Punkte weiß, seine Vorlieben, seine Abneigungen kenne, dann ist er doch eher einschätzbar. Die Verhandlung fußt dann auf einer Vertrauensbasis – die in einem Schnelldurchlauf des Sich-Kennen-Lernens niemals zu erreichen ist.

Den Partner kennen zu lernen ist mitentscheidend für den Gesprächserfolg!

Stellen Sie sich vor, Sie stecken in der heißen Phase der Verhandlung und Sie sind sich eigentlich ganz sicher, dass Sie alles optimal vorbereitet haben, um den entscheidenden Wendepunkt einzuläuten, da zieht Ihr Gesprächspartner plötzlich einen Trumpf aus der Tasche. Das hätten Sie nie von ihm gedacht. Machte er doch eigentlich einen eher harmlosen Eindruck. So, nun kommt der logische Rückschluss: Hätten Sie ihn vorher etwas besser kennen gelernt, dann wäre Ihnen aufgefallen, dass er es faustdick hinter den Ohren hat.

Selbstdarstellung

Jeder Mensch hat gelegentlich den Wunsch, sich selbst darzustellen. Dieses elementare Bedürfnis ist unterschiedlich stark ausgeprägt. Nimmt eine Person in einem zeitlich begrenzten Rahmen zu viel Zeit für sich selbst und die eigene Darstellung in Anspruch, wird dies von den anderen Teilnehmern als frustrierend, enttäuschend und resignierend erlebt. »Ich komme heute wieder mal überhaupt nicht zum Zug.« Gleichzeitig wird eine zu ausgiebige Selbstdarstellung als »Dominanzanspruch« gewertet und abgelehnt.

Versteckte Appelle

»Ich möchte, dass du dich nach unserem Gespräch so oder so verhältst« oder »Ich möchte, dass du das von mir hältst«. Um mit einem solch versteckten Appell auf fruchtbaren Boden zu stoßen, muss sich der »Sender« dieser Botschaft vorher allerdings genau im Klaren darüber sein, was er in dem Gespräch erreichen will: entweder *Überzeugungstransfer* oder *Problemlösung*. Die Techniken oder Strategien zur Erreichung dieser beiden Zielvorstellungen sind nämlich verschieden. Dazu Näheres im Folgenden.

Strategie einer Problemlösungskonferenz

Der komplette Ablauf sieht so aus (nach Bambeck, 1990, Seite 256):

1. Problem wird erkannt, definiert und dargestellt;
2. Verständnisfragen zur Darstellung (aus dem Plenum);
3. Lösungsvorschläge werden gesammelt (schriftliches Brainstorming);
4. Verständnisfragen zu den Lösungsvorschlägen;

Wichtig: Selbstdarstellung ermöglichen, versteckte Appelle erkennen

Fragen Sie sich: Was ist das Ziel des Gesprächs, Überzeugung oder Problemlösung?

Die Metaplan-
Technik hat sich
beim Bearbeiten
von Problemen
und Konflikten
bewährt

5. Ordnen der Lösungsvorschläge;
6. Pro-und-Kontra-Diskussion der Vorschläge;
7. Bewertung der Lösungsvorschläge;
8. Festlegen der neuen Ideen und Entscheidung für Lösungsstrategien;
9. Realisieren der Lösungsstrategien.

Vorbereitung der Konferenz: Sie brauchen eine große Pinnwand
samt Pinnstiften und für die Teilnehmer bzw. Problemlöser jeweils
einen Schwung Metaplan-Karten und einen breit schreibenden Stift.
Nach der Problemdarstellung und den Rückfragen werden, wie in
einem schriftlichen »Brainstorming-Verfahren«, die Karten von den Teilnehmern mit Lösungsvorschlägen beschriftet.
Die Schritte im Einzelnen:

1. Problemdarstellung

Der betroffene Teilnehmer stellt in wenigen kurzen Sätzen das
Problem und die bisherigen (ungeeigneten und unzureichenden)
Lösungsversuche dar. Zukünftige Lösungsmöglichkeiten bitte noch
nicht nennen!

2. Verständnisfragen aus dem Plenum

Hier werden ausschließlich Fragen an den Betroffenen gestellt, um das
dargelegte Problem genau zu verstehen. In dieser Phase kann es passieren, dass das Problem anders definiert wird und deshalb umformu-
liert werden muss. Maximal zwei Fragen am Stück pro Plenumsmit-
glied, um Langeweile zu vermeiden! *Keine Lösungsvorschläge in dieser
Phase!*

3. Sammeln der schriftlichen Lösungsvorschläge

Auch manch
unsinnig erschei-
nende Lösungs-
vorschläge
können weiter-
helfen

Jedes Mitglied aus dem Plenum schreibt seine Ideen zur Lösung auf Metaplan-Karten. Pro Idee eine Karte verwenden und groß schreiben.
Quantität geht dabei vor Qualität! (Sprich: Auch die »blödeste« Idee ist
gefragt!) Der »Betroffene« sammelt anschließend die Karten mit den
Lösungsvorschlägen ein.

4. Verständnisfragen an die Gruppe

Nun stellt er seinerseits Fragen an die Gruppe, wie die Vorschläge zu verstehen und einzuordnen sind. Danach pinnt er die Karten zunächst grob geordnet an die Tafel. Sollten sich aus diesen Ideen weitere Lösungsansätze ergeben, sofort notieren. *In dieser Phase keine Bewertungen der Ideen!*

5. Ordnen der Lösungsvorschläge

Wenn nicht schon automatisch in Phase vier geschehen, werden die Karten jetzt feiner sortiert. Manchmal drängen sich Gliederungen fast von selbst auf, manchmal müssen immer wieder neue Oberrubriken eröffnet werden. Das Ordnungsprinzip des Betroffenen geht dabei vor!

6. Pro-und-Kontra-Diskussion der Vorschläge

Subjektiv empfundene Vor- und Nachteile der einzelnen Vorschläge werden besprochen. Hier lasse ich in den Seminaren den Darsteller des Problems jene Karten sichtbar separieren, die ihm auf Anhieb sehr gut gefallen oder überhaupt nicht zusagen. Manchmal stecken in diesen »Extremen« wunderbare (wenn auch sehr versteckte) Erkenntnisse!

7. Bewerten der Lösungsvorschläge

Die nimmt der Betroffene höchstselbst vor, und zwar nach seinen eigenen subjektiven Bewertungen.

8. Festlegen der Ideen und Entscheiden der Lösungsstrategien

Diese Phase ist nur dann im Plenum sinnvoll, wenn an der Ausführung der Strategien Teilnehmer des Plenums mit eingebunden sind.

9. Realisieren der Lösungsstrategien

Mit all denjenigen, die in das Festlegen der Lösungsstrategien mit eingebunden waren, eine neue Terminvereinbarung treffen zur Kontrolle des Fortschritts.

Effizienter als Einzelentscheidungen: gemeinsam erarbeitete Problemlösungen

Nicht vergessen: Termine zur Kontrolle des Fortschritts vereinbaren!

Oft hilfreich bei der Problemlösung: ein neutraler Moderator

Der große Vorteil dieses Verfahrens: Das Problem darf nicht personifiziert werden, sondern muss sachlich dargestellt werden. Dazu trägt das schriftliche Festhalten von Lösungsvorschlägen und neuen Ideen wesentlich bei, da durch die knappe Schriftform kaum Bewertungen möglich sind.

Wenn das Problem so brisant ist, dass zu befürchten steht, dass durch aufkochende Emotionen die Neutralität verloren geht, dann lassen Sie die Problemlösungskonferenz von einem neutralen Moderator durchführen. Er kann meist souveräner die Wortmeldungen steuern und die Gefahr eindämmen, dass sich die Teilnehmer gegenseitig die Schuld für das Problem in die Schuhe schieben. Auch die Ebene der Selbstdarstellung wird so vom jeweiligen Dominanzanspruch befreit. Damit bleibt der Prozess auf der sachlichen Ebene und die kreative Lösungssuche kann sogar Spaß machen.

Strategien des Überzeugungstransfers

Auf den folgenden Seiten geht es um den Überzeugungstransfer, der – wie wir sehen werden – unfair wie fair ablaufen kann.

FALLBEISPIEL

Die große Haarkosmetik-Firma Wash & Co. hat das kleinere Unternehmen Shampoo aufgekauft.

In beiden Firmen war bisher jeweils ein Mitarbeiter für die Leitung des Außendienstes und der Schulung zuständig. Bei Wash & Co. Frau Daniel, bei der kleineren Firma Shampoo Herr Lux.

Durch die Fusion hat sich die Kopfstärke des Außendienstes verdoppelt – auf nunmehr 120 Mitarbeiter (beiderlei Geschlechts). Besonders der Schulung soll im kommenden Jahr erhöhte Bedeutung zufallen, da die bisher getrennten Außendienste jeweils auf die Präparate der bisherigen Konkurrenz umgeschult werden müssen.

Da sowohl Frau Daniel als auch Herr Lux als sehr tüchtig gelten und man aufgrund der hohen Anzahl Mitarbeiter beide braucht, hat

Schadet dem Lösungserfolg: Personifizierung des Problems und Bewertung

die Geschäftsleitung beschlossen, beide zu behalten. Eine/r von ihnen soll künftig den Außendienst leiten, die/der andere die Schulungen durchführen.

Der zuständige Direktor in der Zentrale ist der Meinung, man solle in diesem Fall nicht am grünen Tisch entscheiden. Er hat deshalb angeordnet, dass sich die beiden zu einem Gespräch zusammensetzen und sich darüber einigen, wer in Zukunft welche Funktion übernehmen soll. Daraufhin hat Frau Daniel Herrn Lux angerufen und ihm vorgeschlagen, sich an einem neutralen Ort zu treffen.

Was die beiden bei ihrer Begegnung nicht voneinander wissen: Frau Daniel und Herr Lux ziehen beide den Posten des Außendienstmitarbeiters vor. Herr Lux hat des Weiteren gehört, dass Frau Daniel über Leichen gehen soll …

Ein Überzeugungstransfer mit unfairen Mitteln ist zum Scheitern verurteilt

---

Das nun folgende »Überzeugungsgespräch« kann fair oder unfair ablaufen. Schauen wir uns zunächst die negative Variante an.

Gesprächsführung ohne Einhaltung fairer Dialektik

Daniel: *Schön, Sie mal wieder zu treffen, Herr Lux. Sonst waren wir immer in gegensätzlichen Lagern; heute sind wir im selben. Also, unsere gemeinsame Geschäftsleitung hat ja beschlossen, Sie zu behalten. Sie waren in Ihrer alten Firma für Schulung und Leitung des Außendienstes zuständig, so wie ich in meiner Firma.* (Auf Autorität berufen)
Da bietet es sich ja förmlich an, dass Sie in Zukunft bei unserem gemeinsamen Außendienst die Schulung übernehmen und ich die Außendienstleitung. Ich bin überzeugt davon, dass wir prima zusammenarbeiten werden. (Meinungen als fundierte Tatsachen hinstellen)

Lux: *Aber Frau Daniel, Sie wollen mich doch wohl nicht überfahren? Bitte, ich möchte Ihnen nicht zu nahe treten, aber mich interessiert die Position des Außendienstleiters viel mehr!* (Verteidigungshaltung)

Machen Sie nicht den Fehler, (allein) Ihre Autorität in die Waagschale zu werfen!

Hier geht es unfair zu: Andeuten, Emotionalisieren, Beeindrucken

Daniel: *Nun, ich weiß nicht – schließlich haben wir ja Ihre Firma übernommen, und da ist es doch eigentlich klar, dass ich …* (Andeuten)

Lux: *Dass Sie was?*

Daniel: *Dass ich das fortsetze, was ich bisher erfolgreich gemacht habe.* (Durch langjährige Erfahrung beeindrucken)

Lux: *Sie haben bisher – genau wie ich – beides gemacht: Vertriebsleitung und Schulung!* (Emotionalisieren)

Daniel: *Jedenfalls weiß ich aus vielen Kundengesprächen, dass Sie in der Schulung besonders gut sind. Und das wollen wir ausnutzen.* (Nimmt Äußerung von Lux nicht ernst)

Lux: *Waren Sie als Schulungsleiterin bisher etwa schlecht? Und wieso wollen Sie überhaupt bestimmen, was ich in Zukunft mache?* (Abwehr)

Daniel: *Also, das müssten Sie doch eigentlich einsehen, dass ich als Mitarbeiterin der übernehmenden Firma gewisse Vorrechte habe …* (Durch langjährige Erfahrung beeindrucken)

Lux: *Wieso? Meine Firma ist ja nicht wegen meiner Person verkauft worden. Ich kann mein Geld überall verdienen!* (Durch Wissen/Leistung imponieren)

Daniel: *Aber seien Sie doch nicht so stur! Ihre Produkte sind viel komplizierter als unsere. Da ist die Schulung unserer bisherigen Außendienstmitarbeiter besonders wichtig. Und von Ihren Produkten verstehen Sie doch bestimmt viel mehr als ich.* (Emotionalisieren mittels Unterstellung)

Lux: *Also, wie ist es? Sie wollen Verkaufsleiterin werden. Ist das Ihr letztes Wort?* (Aggresssion)

Daniel: *Also, ja. Nur …*

Vorsicht: Unterstellungen führen zwangsläufig zu Aggressionen!

Lux: *Mein letztes Wort ist es auch. Da müssen wir wohl die Geschäftsleitung entscheiden lassen.* (Aggression)

Daniel: *Ja, ich weiß nicht … – aber Sie legen doch bestimmt auch Wert*
         auf eine gute Zusammenarbeit zwischen uns. (Ja, aber – Taktik)

Lux: *Ja natürlich. Deshalb halte ich es für besser, wenn wir uns nicht*
         weiter streiten.

Selbst wenn die beiden hier abbrechen und sich nicht weiter strei-
ten, ist die Ausgangsposition für die Verhandlung »Wer macht was?«
äußerst schlecht. Herr Lux fühlt sich von der »großen« Daniel in die Ecke
gedrängt. Daniel lässt raushängen, dass sie – als Vertreter der übernehmenden Firma – das Sagen hat.

Eine bessere Ausgangsposition erreicht man jedoch ohne unfaire
dialektische Angriffe, wie wir gleich sehen werden.

Gesprächsführung unter Einhaltung fairer Dialektik

Daniel: *Willkommen, Herr Lux! Es ist schön, sich unter solchen Um-*
         ständen wieder zu sehen. Früher haben wir – im besten Sinne –
         gegeneinander gekämpft und heute sitzen wir im selben Boot.
         (Schafft gute Atmosphäre)

Lux: *Guten Tag, Frau Daniel. Ich freue mich auch! Allerdings wäre*
         mir lieber gewesen, meine Firma hätte Ihre übernommen.
         (Beide lachen)

Daniel: *Den Gedanken möchte ich gleich ausräumen, wir sitzen uns*
         hier völlig gleichberechtigt als Kollegen gegenüber. Wer
         welche Firma übernommen hat, spielt überhaupt keine Rolle.
         (Verständnisvoll)

Lux: *Psychologisch ist das aber doch eine Sperre.*

Daniel: *Die werden Sie sicher gleich überwinden, wenn wir über den*
         Grund unseres Hierseins reden. Unsere gemeinsame Geschäfts-
         leitung hat mich gebeten, mit Ihnen zu sprechen. Unser
         Außendienst ist durch die Fusion jetzt so groß, dass es für eine
         Person nicht mehr möglich ist, Verkauf und Schulung gleich-
         zeitig zu leiten. Sie haben bisher beides gemacht. Wir sollen

Tragfähig:
Überzeugungs-
transfer mittels
fairer Dialektik

Zeigen Sie Ver-
ständnis für
die Ansichten
und Gefühle
ihres Gesprächs-
partners!

Altrozentrierung hilft erfolgreich Widerstände abbauen ...

nun absprechen, wer in Zukunft die Schulung und wer die Verkaufsleitung übernimmt. Selbstverständlich sind beide Positionen gleichberechtigt und erfordern kollegiale Zusammenarbeit. Frage: Welche Position interessiert Sie mehr? (Lässt die Katze aus dem Sack)

Lux: *Ganz entschieden die Verkaufsleitung. Ich bin Vollblut-Außendienstmann!* (Legt die Karten offen auf den Tisch)

Daniel: *Das ist Pech. Ich nämlich auch. Was machen wir nun? Gibt es für Sie etwas, was Ihnen die Position des Schulungsleiters attraktiver machen könnte?* (Nimmt Äußerung von Lux ernst)

Lux: *Ich glaube nicht, ich habe die Schulung immer als notwendige, aber ungeliebte Beigabe der Verkaufsleitung betrachtet.* (Verfolgt klar sein Interesse)

Daniel: *Dabei hat die Schulung in unserer augenblicklichen Situation höchste Priorität. Wash & Co. kennt die Produkte von Shampoo nicht und umgekehrt. Ihre Produktpalette ist breiter als die von Wash & Co. und Sie kennen sie natürlich viel besser.* (Ist altrozentriert)

Lux: *Das mag vordergründig so wirken, wobei für mich Ihre Produkte auch neu sind.* (Verfolgt sein Ziel)

Daniel: *Jetzt kommen wir versehentlich in das Fahrwasser, dass wir uns gegenseitig die Position des Schulungsleiters anpreisen. Das ist, glaube ich, ziemlich überflüssig, da wir beide wissen, wie wichtig sie ist, denn ein Außendienstleiter ist ohne eine geschulte Mannschaft aufgeschmissen. Was reizt Sie denn besonders an der Position des Verkaufsleiters?* (Altrozentriert)

Lux: *Zum Beispiel die relative Freiheit, die guten Kundenkontakte, die ich sehr schätze. Dauernd vor neuen Herausforderungen zu stehen, neue Kontakte zu knüpfen usw.*

... doch Ihr Ziel dürfen Sie dabei nicht aus den Augen verlieren!

Daniel: *Ja, das geht mir ganz ähnlich. Lassen Sie uns doch einmal überlegen, wie wir eine Lösung finden könnten, die uns beiden* entgegenkommt. Ein Kompromiss sozusagen. Fällt Ihnen da etwas ein? (Konsens + Suche nach kreativer Lösung)

Lux: Wir könnten das Gebiet – und damit auch den Außendienst – teilen. Dann könnte jeder von uns Verkaufs- und Schulungsleiter werden. (Brainstorming)

Daniel: Oder wir teilen die Kunden auf. Einer betreut die Linie X und der andere die Linie Y.

Lux: Oder wir lassen die beiden bisherigen Außendienste bestehen und die Produkte, die sich überschneiden, werden aufgeteilt.

Daniel: Oder wir vertreten uns gegenseitig. Einer wird Schulungsleiter, der andere sein Vertreter und umgekehrt.

Lux: Und nach einem Jahr wechseln wir.

Daniel: Jetzt haben wir eine ganze Menge Möglichkeiten:
1. Aufteilung des Gebietes,
2. Aufteilung der Kunden,
3. Aufteilung nach Vertriebswegen,
4. gegenseitige Vertretung mit Rollentausch nach einem Jahr.
Ich schlage vor, dass jeder von uns zu diesen vier Vorschlägen Stellung bezieht und wir herausfinden, welche Lösung uns beiden am meisten liegt. Diese legen wir dann der Geschäftsleitung vor.
(Weg zu einer tragfähigen Lösung, die auf Vertrauen fußt)

So oder so ähnlich könnte das Gespräch ablaufen. Der entscheidende Faktor dabei ist der Wunsch nach einer gemeinsamen tragfähigen Lösung und nicht nach Sieg. Frau Daniel hat erkannt, dass Herr Lux voller Misstrauen steckt, und sie hat seine Gefühle ernst genommen. So konnte allmählich bei Herrn Lux das Vertrauen wachsen und somit die Bereitschaft, neue Ideen zu entwickeln. Das kann nur gut gehen, wenn keiner Machtansprüche stellt. Sobald einer von beiden heraushängen lässt, wie großartig sie/er ist, dass nur sie/er für den Job als Vertriebsleiter/in infrage kommt, gerät das Gespräch ins Ungleichgewicht und Lösungen werden in weite Ferne rücken.

Der Wunsch nach einer gemeinsamen, tragfähigen Lösung steht über dem »Sieg« eines Einzelnen

Ein vertrauensvolles Klima fördert die Bereitschaft, neue Ideen zu entwickeln

Kontrollierter Dialog: Paraphrasieren des Sachinhalts einer Botschaft

Viel Glück beim geschickten dialektischen Tarieren. Sie werden merken, dass »schwierige Gespräche« unter fairen Bedingungen richtig Spaß machen können.

Partnerbezogene Gesprächsführung

Kontrollierter Dialog

Unter einem *kontrollierten Dialog* versteht man Folgendes: Ich wiederhole den *Sachinhalt* einer Botschaft sinngemäß mit eigenen Worten. Das Fachwort dafür lautet: *Paraphrasieren*. Ein Beispiel:

Äußerung von A:	*In der heutigen Zeit ist Umweltbewusstsein etwas ganz Selbstverständliches geworden. Die Privathaushalte trennen die verschiedenen Müllarten. Viele Kommunen stellen blaue, gelbe und braune Tonnen bereit, damit Papier, Plastik und Flaschen nicht mehr im Restmüll landen und das »Grünzeug« aus der Küche wieder zu Erde werden kann. Nur die Lufthansa serviert in der Economy Class Mineralwasser, Cola oder Sprite aus Dosen und gibt Plastikbecher aus. Das könnte ich ja vielleicht noch verkraften, wenn nicht beim Einsammeln Bierflaschen, Aludosen, Plastikbecher und Papierservietten in denselben Sack geworfen würden. Unmöglich!*
Erwiderung von B:	*Du findest, dass die Lufthansa den Umweltgedanken mit Füßen tritt, indem sie die unterschiedlichsten Materialien in einen Sack wirft.* (Kontrollierter Dialog)
A fährt fort:	*Ja genau, schließlich haben so große Konzerne so eine Art Vorreiterrolle. Ganz davon abgesehen, welche Masse Müll da täglich entsteht bei dem hohen Flugaufkommen!*
B:	*Du meinst, was im einzelnen Flieger zu beobachten ist, ist nur die Spitze des Eisbergs. Wobei in der Business Class Mineralwasser aus großen Flaschen in Glasgläser gegossen wird. Hier scheint der Umweltgedanke ja bereits zu greifen.* (Kontrollierter Dialog)

Das Wiedergeben des Sachinhalts stellt sicher, dass man die Botschaft des anderen richtig versteht

A: *Du meinst, die erlauben sich diese »Schweinerei« nur auf den billigen Plätzen?* (Kontrollierter Dialog)

B: *Ja genau!* (Kontrollierter Dialog)

A: *Das macht es auch nicht besser. Riecht nach einer Zwei-Klassen-Gesellschaft.* (Kontrollierter Dialog)

B: *Du meinst, in der »Holzklasse« können die sich alles erlauben?* (Kontrollierter Dialog)

A: *Exakt!*

Sie werden sich vielleicht fragen, was das Ganze soll. Nun, in Ihrer neuen Rolle als Vorgesetzter können Sie davon ausgehen, dass Sie sich unbeabsichtigt in Gesprächssituationen wiederfinden, die von Ihnen zunächst als völlig harmlos eingeschätzt werden – allerdings von Ihrem Gegenüber (Mitarbeiter) nicht so gesehen werden! Da können ganz »harmlose« Faktoren den Mitarbeiter bereits in eine Stresssituation führen. Er kämpft mit seinen Hormonen und kann sich nicht voll auf das Gespräch konzentrieren. Jetzt sind Sie gefragt! Durch geschickte *Gesprächssteuerung* können Sie den Gesprächspartner »entkrampfen« und danach in entspannter Atmosphäre konstruktive Lösungsansätze sammeln. Dazu ein Beispiel:

FALLBEISPIEL

Je nachdem, wie Sie von Ihren Mitarbeitern eingeschätzt werden, kann die Aufforderung »Bitte, Frau Weber, kommen Sie doch um 15 Uhr in mein Büro, damit wir über die weitere Vorgehensweise bei dem Projekt X sprechen können« Panik auslösen. Denn Frau Weber ist bereits in der Vorbereitungsphase ziemlich am Anfang stecken geblieben. Die Kollegin, der sie die Aufgabe übertragen hatte, die passende Statistik zu erstellen, ist nämlich plötzlich krank geworden. Damit ist Frau Weber nicht gründlich vorbereitet und hat nun großen »Schiss« vor dem Treffen um 14 Uhr. Sie gerät unter Druck. Das führt fast unweigerlich dazu, dass Frau Weber ihren kühlen Kopf verliert und somit viel ihrer geistigen Kapazität nicht mehr in das Gespräch

Wichtig zu wissen: Wer unter Druck oder Stress steht, kann oft nicht mehr klar denken

Problemphysiologie: Gefühlslage, die aus emotionalem Druck resultiert, in der der wache Verstand aussetzt

einbringen kann. Denn emotionaler Druck lässt den Adrenalinpegel ansteigen und der wache Verstand versinkt im »psychologischen Nebel«. Somit ist die Fähigkeit, rational zu denken, stark vermindert. Frau Weber verliert, unter emotionalem Druck stehend, den klaren Überblick über die Situation und kann nicht mehr einschätzen, was »richtiges Handeln« ist.

Diesen Zustand nennt man *Problemphysiologie.* Leider wird in den meisten beruflichen Situationen kaum Rücksicht auf einen solchen Problemzustand genommen. Niemand hat gelernt, diese Gefühlslage zu erkennen, geschweige denn, sie zu benennen. Meistens wird das Gegenüber bewertet: »Was ist denn mit Frau Weber los? So schwer war die Aufgabe doch gar nicht! Wieso schafft sie die kleinste Anforderung nicht?«

Reaktionsempfehlung

Raus aus dem Bewertungsmuster! *Sie* haben die soziale Verantwortung dafür, dass Ihr Gegenüber wieder den vollen Zugriff auf seine Ressourcen erlangt, um zu einem vollwertigen Gesprächspartner auf der Sachebene zu werden. Es geht um die Sache und nicht um Bewertungen, Machtspiele oder Besserwisserei! Und so sähe der kontrollierte Dialog aus:

Frau Weber: *Frau xy, ich bin leider mit der Statistik nicht fertig geworden, Frau Martin ist nämlich überraschend erkrankt und dadurch blieb einiges auf der Strecke.*

Sie: *Sie meinen, Sie hätten gerne noch die Statistik von Frau Martin mit berücksichtigt?* (Kontrollierter Dialog)

Sie sind verantwortlich dafür, den »Gehirnnebel« Ihres Mitarbeiters zu lichten!

Frau Weber: *Genau!*

Sie: *Können Sie vielleicht dennoch bereits eine erste Tendenz erkennen?*

Frau Weber: *Oh ja, eine Tendenz ist deutlich erkennbar – nur, mit den Unterlagen wäre es noch zusätzlich zu belegen.*

Sie:	*Sie meinen, ein so genannter Beweis wäre ideal.*
	(Kontrollierter Dialog)

Frau Weber: *Genau! Die Statistik erleichtert die Präsentation vor den Kunden.*

So ähnlich könnte das Gespräch ablaufen. Die Mitarbeiterin wird in Zukunft immer loyal zu Ihnen stehen, da Sie sie nicht in die Pfanne gehauen haben. Sie haben den sachlichen Inhalt von Frau Webers Äußerungen mit mehr oder weniger eigenen Worten wiederholt und dadurch erreicht, dass Ihre Mitarbeiterin aus dem »Problemzustand« befreit wurde. Sie wurde nicht in eine *Verteidigungshaltung* gedrängt, sondern quasi in eine »Ja-Haltung« – die einen Wechsel der Problemphysiologie erzeugt.

Ihr Ziel war es, im Ergebnis (Ziel) weiterzukommen und nicht mittels Abwertung einen Menschen nachhaltig zu demotivieren.

WISSENSWERT

Ein zusätzlich positiver Nebeneffekt des kontrollierten Dialoges ist, dass Sie gezwungen sind, bis zum Schluss zuzuhören, da Sie den Sachinhalt nur dann sinngemäß wiederholen können, wenn Sie ihn auch geistig komplett erfasst haben!

Es geht das Gerücht um, dass Ehepaare sich nur noch zu 15 Prozent zuhören; die restlichen 85 Prozent fallen unter das Motto: »Ich weiß sowieso, was meine Frau sagen will.« Ein ähnliches Phänomen ist oft auch in Unternehmen erkennbar, in denen sich die Mitarbeiter untereinander schon jahrelang kennen. Dasselbe gilt für das Verhältnis Chef – Sekretärin.

Aktives Zuhören und Empathie

Der Unterschied zum kontrollierten Dialog ist der, dass Sie bei dieser Technik den *gefühlsmäßigen*, nicht den sachlichen *Inhalt* einer Botschaft rückmelden. Das Ziel: eine »Ja-Haltung« zu erzielen, um den Wechsel in der Problemphysiologie zu erwirken.

Aktives Zuhören: den gefühls- mäßigen Inhalt einer Botschaft rückmelden

Das *aktive Zuhören* hat häufig eine noch höhere Wirkung als der kontrollierte Dialog, da Sie Ihrem Gesprächspartner etwas rückmelden, das dieser mit Worten gar nicht ausgedrückt hat.

Lassen wir das Gespräch mit Frau Weber noch einmal unter dem Aspekt des aktiven Zuhörens stattfinden:

Sie: *Frau Weber, Sie wirken bekümmert. Hängt das mit unse- rem Projekt zusammen?* (Empathie)

Frau Weber: *Ja, denn leider ist Frau Martin plötzlich erkrankt und da- durch fehlt mir die Statistik.*

Sie: *Und das enttäuscht Sie, denn Sie legen Wert auf eine kom- plette Darbietung.* (Empathie)

Frau Weber: *Ja, genau!*

Sie: *Sind dennoch bereits Tendenzen erkennbar?*

Frau Weber: *Oh ja, hier …*

Wo aktives Zuhören albern wirkt und auf keinen Fall angewendet werden darf: wenn Sie jemand nach dem Weg fragt. »Sagen Sie bitte, wie komme ich zum Büro der Verwaltung?« Sie antworten mit: »Ach, Sie kennen sich hier nicht aus?« Dies wird als Bloßstellen empfunden. Ein weiteres Tabu: wenn Sie negative Gefühle rückmelden. »Du bist neidisch.« Dieses Statement wird als Kritik empfunden und bewirkt das krasse Gegenteil dessen, was aktives Zuhören leisten kann.

Aktives Zuhören erfordert genau- es Hinhören und das Erfassen der Gefühlslage des Gegenübers

EXPERTENTIPP

Fazit: Mit dem kontrollierten Dialog und mit aktivem Zuhören vermitteln Sie Ihrem Gesprächspartner, dass Sie ihm Ihre ganze Aufmerksamkeit schenken und er sich ernst genommen fühlt. Ihre Mitarbeiter sind bei dieser Art der Unterhaltung nicht zur Verteidigung gezwungen, sondern können sehr viel schneller und entspannter mit Ihnen zur Problemlösung schreiten. Ein schnellerer Weg für Sie, Ihr Ziel zu erreichen!

► ÜBUNG 1

Aktives Zuhören

Wie gut sind Sie im aktiven Zuhören?
Bitte kreuzen Sie an, welche Antwort bzw. Erwiderung Ihnen richtig erscheint:

1. »Gerade, wenn ich mich besonders freue, mit dir zusammen zu sein, geht alles wieder kaputt.«

a   Das kann auch an dir liegen.
b   Du bist überempfindlich.
c   Das macht dich traurig.

2. »Der Müller? Dem ist doch ganz egal, was ich dazu sage!«

a   Sie sind enttäuscht.
b   Das sehen Sie zu schwarz.
c   Das dürfen Sie so nicht sehen, ich kenne den Müller schon seit Jahren.

3. »Manchmal glaube ich, ich schaffe das alles nicht mehr, von morgens bis abends nur herumrennen.«

a   Sie wirken immer so hektisch.
b   Sie fühlen sich überfordert.
c   Machen Sie ab und zu mal Pause!

4. »Meine Kollegen lassen alles stehen und liegen, sobald die Zeiger auf 17 Uhr stehen.«

a   Sie fühlen sich im Stich gelassen.
b   Jeder hat das Recht pünktlich zu gehen.
c   Dann gehen Sie doch einfach mit!

5. »Ich hätte nicht gedacht, dass die so schnell zu einer Einigung kommen.«

a   Da haben Sie unsere Chefs unterschätzt.
b   Sie sind überrascht.
c   Immer positiv denken!

6. »Reden, Reden – und letztlich macht die Direktion doch, was sie will.«

a   Das frustriert Sie.
b   Dafür bekommen Sie ja auch eine Menge Geld.
c   Das ist halt so im Leben.

7. »Ich werde ihn nie wieder um einen Gefallen bitten, dann brauche ich mich auch nicht dumm anreden zu lassen.«

a   Du bist überempfindlich.
b   Das hat er bestimmt nicht so gemeint.
c   Das hat dich getroffen.

8. »Schon wieder eine Umorganisation, wo jetzt gerade alles so gut lief!«

a   Das können Sie doch gar nicht beurteilen.
b   Sie finden das unnötig.
c   Das kann uns doch egal sein.

9. »Du hast nur für dich allein einen Kaffee gekocht???«

a   Ich konnte ja nicht wissen, dass du kommst.
b   Du sollst sowieso nicht so viel Kaffee trinken.
c   Du bist enttäuscht.

10. »Wenn das Telefon jetzt noch einmal klingelt, gehe ich nach Hause.«

a   Sei froh, dass ein bisschen Leben in der Bude ist.
b   Du hast wirklich eine Engelsgeduld, du Ärmste!
c   Dich nervt das Telefon, nicht wahr?

Auflösung:

Wenn Sie Ihre Kreuze ausschließlich unter dem Aspekt »aktives Zuhören« betrachten, dann haben Sie wie folgt richtig geantwortet und sind, wenn Sie sieben oder mehr Punkte sammeln konnten, schon recht fit in der Kunst des aktiven Zuhörens:

1.	2.	3.	4.	5.	6.	7.	8.	9.	10.
c	a	b	a	b	a	c	b	c	c

▶ ÜBUNG 2

Empathie

Nachdem in Unternehmen (meist) die rationale Denkweise der emotionalen Aktion vorgezogen wird, gehen empathische Empfindungen mehr und mehr verloren – und damit auch der entsprechende Wortschatz wie: gelangweilt, erfreut, begeistert, betroffen, übermütig, erschöpft, verblüfft, verbittert etc.

Damit Ihnen Empathie in Fleisch und Blut übergeht, hier eine abschließende Übung.

1. Hoffentlich geht diese blöde Weihnachtsfeier bald zu Ende! Wenn jetzt der Meier auch noch eine Rede hält, schlafe ich ein.
2. Endlich hat sich die ganze Schufterei mal gelohnt, wir haben aufgrund unserer grandiosen Präsentation den Auftrag bekommen.
3. Ich habe noch nie in einem so fantastischen Büro gearbeitet! Alles so hell und freundlich eingerichtet, Kaffee und Tee umsonst, jeder hat sein eigenes Zimmer, das ist ja wie ein Hauptgewinn im Lotto.
4. Einfach den Müller entlassen, ohne dass irgendjemand etwas davon erfahren hat … Dabei konnte er am besten von uns allen mit dem Chef umgehen.
5. Wenn ich jetzt noch die Zusage zur Reise nach England bekomme, springe ich auf den Tisch und tanze Tango!

6. Jetzt habe ich fast die ganze Nacht nach dem Fehler im System gesucht, leider umsonst, ich weiß nicht, was ich noch tun soll.

7. Wer hätte das gedacht, dass sich unser konservativer Chef für ein Erlebnisseminar entschieden hat.

8. Was habe ich für den Laden hier nicht alles getan und jetzt nur ein feuchter Händedruck und eine Urkunde.

Auflösung:

1. gelangweilt, 2. erfreut, 3. begeistert, 4. bestürzt, 5. übermütig, 6. verzweifelt, 7. überrascht, 8. enttäuscht.

Haben Sie herausgefunden, wie sich die jeweilige Person fühlt? Dann sind Sie schon ein erprobter »Empathiker«. Gratulation! Falls es Ihnen nicht immer gelungen ist, dann bedenken Sie Folgendes: Es ist nicht immer leicht einzuschätzen, was der andere wirklich fühlt, denn etwas, das Sie vielleicht nur ärgerlich macht, bringt einen anderen Menschen womöglich innerlich zur Weißglut – obwohl Sie in seiner Äußerung nur leichten Ärger erkennen können.

Effektiv und fair: Gesprächsrunden mit Mitarbeitern

In vielen Unternehmen werden regelmäßig *Gesprächsrunden mit Mitarbeitern* bzw. Team-Besprechungen durchgeführt. In manchen Firmen sind feste Zeiten vereinbart – zum Beispiel jeden Montag zwischen 8 und 9 Uhr, in anderen Unternehmen finden die Besprechungen alle 14 Tage statt und bei manchen nach Bedarf.

Sinn und Zweck solcher »Runden« ist, alle Teilnehmer auf den gleichen Wissensstand zu bringen, bei Bedarf Konflikte zu besprechen und den Grad der Zielerreichung zu kontrollieren.

In meinen Seminaren klagen viele darüber, dass die Ergebnisse solcher Gesprächsrunden oft mager sind. Die Mitarbeiter würden diese Runden als Zeitverschwendung erleben und nur mürrisch Informationen aufnehmen oder preisgeben.

Häufige Klage: dass viele Besprechungen ineffektiv sind

Hier ein Vorschlag zur Erhöhung der Effizienz; wieder spielen *partnerbezogene Gesprächstechniken* eine herausragende Rolle:

1. Einen positiven Beginn sicherstellen;
2. klares Gesprächsziel nennen;
3. nach positiven Resultaten und deren Ursachen fragen;
4. Mitarbeiterleistungen anerkennen;
5. nach negativen Resultaten und deren Ursachen fragen;
6. nach Ideen der Mitarbeiter fragen;
7. Ideen anerkennen;
8. die neuen Ideen festlegen und eine neue Terminvereinbarung treffen;
9. Kontrolle der Ergebnisse und gegebenenfalls Zielkorrektur.

Die Punkte im Einzelnen:

1. **Ein positiver Beginn** kann sein: eine freundliche Begrüßung, ein paar anerkennende Worte etc. Nutzen: eine gute Atmosphäre wird geschaffen.
2. **Klares Gesprächsziel nennen:** Nutzen: Den Mitarbeitern wird zum Beispiel die Angst davor genommen, dass sie in die Pfanne gehauen werden könnten. Außerdem werden die »Gehirne« animiert, sich zu den Programmpunkten Gedanken zu machen.
3. **Frage nach positiven Resultaten und deren Ursachen:** »Was ist Ihnen gut gelungen?« »Wie haben Sie es geschafft?« Nutzen: Anerkennung der Leistung. Es kann ja sein, dass Ihnen durch den Druck des täglichen Allerleis noch gar nicht aufgefallen ist, dass der PC neu programmiert wurde oder etwas anderes sehr erfolgreich abgeschlossen worden ist. Außerdem können die Mitarbeiter dem tief im Unterbewusstsein verwurzelten Wunsch nach Selbstdarstellung folgen. Das tut wohl. Daher taucht Punkt 4 als eigenständiger Punkt auf der Tagesordnung auf.
4. **Anerkennung der Leistung:** Siehe unter Punkt 3.
5. **Frage nach negativen Resultaten und deren Ursachen:** »Was hat nicht geklappt?« Nutzen: Sie erfahren Schwachstellen. Diese Frage ist keinesfalls dazu gedacht, jetzt kritisieren oder Tacheles reden zu können. In einem solchen Fall würde nämlich niemand mehr

Zeigen Sie viel
Anerkennung!

Eine solche
Struktur der Ge-
sprächsrunden
führt zu mehr
Transparenz
und Offenheit

später den Mund aufmachen. Der Hintergrund ist ein anderer: gemeinsam mit den Mitarbeitern die Schwachstellen abstellen zu können, um so die Zielerreichung wieder sicherzustellen. Daher zu Punkt 6:

6. **Frage nach Ideen der Mitarbeiter.** Nutzen: Welche Ideen führt der Mensch lieber aus: diejenigen, die von außen an ihn herangetragen wurden, oder diejenigen, die er selbst entwickelt hat? Klar, das liegt auf der Hand: diejenigen nämlich, die er selbst entwickelt hat. Jetzt haben Sie einen noch besseren Grund, die Leistung tatsächlich auch einzufordern, denn jetzt kann der Mitarbeiter nicht ausweichen mit der Begründung: »Der Zeitraum war völlig unrealistisch« – er hat ihn ja selbst festgelegt.

7. **Anerkennung der Ideen:** Nutzen: Siehe unter 6.

8. **Festlegung der neuen Ideen** und neue Terminvereinbarung: Nutzen: Inwieweit decken sich Theorie und Praxis?

9. **Kontrolle und Zielkorrektur:** Nutzen: Falls die Praxis von der Theorie abweicht, können hier neue Maßnahmen festgelegt werden. Also Kontrolle im Sinne von Standortbestimmung und nicht im Sinne von Misstrauen.

Von Mitarbeitern
selbst entwickel-
te Ideen und
Lösungen moti-
vieren zum
Handeln

Durch diese Art der Mitarbeiterkonferenz zeigen Sie den Weg zu mehr Transparenz und Offenheit. Dies empfinden die Mitarbeiter als angenehm und sie fühlen sich ernst genommen.

Kommunikation – Siegen ist nicht alles!

So lösen Sie Probleme der Gesprächsführung

Im Folgenden sind die Kernprobleme auf den Punkt gebracht. Entscheiden Sie, wo Sie aktiv werden müssen, und setzen Sie die vorgeschlagenen Maßnahmen um.

1. Sie befinden sich in einer Besprechung und beginnen, fundiert und sachlich Ihren Standpunkt zu einem bestimmten Thema darzulegen. Da fährt Ihnen ein anderer Teilnehmer mit unfairen Mitteln in die Parade, sodass Sie am Ende völlig aus dem Konzept geraten.

Kennen Sie diese unangenehme Situation?

☐ Nein

☐ Ja, in folgender Besprechung ist es mir so ergangen:

_____

_____

_____

Vorschläge zur Lösung des Problems:

Folgenden unfairen Taktiken begegnen Sie am besten so:

▶ Provokation, Emotionalisierung, persönliche Angriffe, Bloßstellen: Ruhe bewahren, nicht verteidigen, Taktik ignorieren oder kurz benennen, auf die Sachebene zurückleiten

▶ Bestreiten Ihrer Fachkompetenz: nicht einlassen auf Kompetenzgerangel, sondern souverän auf die Sachebene zurückverweisen

Siehe dazu:

▶Seite 68 – 69, 70

▶Seite 69

Seite 70 – 72 ◄ ▶ Hypothetische Behauptungen; Meinungen werden als
Tatsachen dargestellt: Realitätsbezug prüfen, nachfragen
und Belege für die Behauptung verlangen

Seite 72 ◄ ▶ Durch Status oder langjährige Erfahrung beeindrucken:
souverän die Leistung des »Angreifers« würdigen

Beginn der Maßnahmen: ab sofort

Erfolgskontrolle: fortlaufend nach
jeder Sitzung

Ergebnis: _____

Mögliche Maßnahmen bei anfänglichem Misserfolg:

▶ Jedes sich nur bietende Gespräch als »Übungsterrain« nutzen

Seite 84 – 90 ◄ ▶ Die Strategien des »Überzeugungstransfers« üben und einsetzen

Seite 204 ◄ ▶ Weiterführende Fachliteratur zum Thema Gesprächsführung
lesen. Mein Buchtipp: R. Lay, 1987

▶ An Schulungen zum Thema Gesprächsführung teilnehmen.
Tipp: Das Seminar sollte vor allem den Aspekt »Dialektik« behandeln und mit den Methoden der fairen Gesprächsführung
arbeiten. (Um den für Sie richtigen Trainer zu finden, wenden
Sie sich am besten an Ihre Personalabteilung oder fragen nach
anderweitigen Empfehlungen.)

2. Sie führen regelmäßig Einzelgespräche mit Ihren Mitarbeitern: über den Stand eines Projekts, anstehende Probleme und
mögliche Lösungen. Doch irgendwie zeitigen diese Gespräche
nicht den gewünschten Erfolg, obwohl auf der Sachebene alles
klar zu sein scheint. Was läuft da schief?

Ergeht es Ihnen häufiger so?

☐ Nein

☐ Ja, das Gespräch mit folgendem Mitarbeiter zeitigte nicht
die gewünschten Ergebnisse:

_____

_____

Vorschläge zur Lösung des Problems:

▶ Sich zunächst bewusst werden, dass die Ursache des Problems   ▶ Seite 175 – 178
häufiger in einer gestörten Beziehungsebene liegt als auf der
Sachebene

▶ Verstärkt die kommunikativen Bedürfnisse des Mitarbeiters   ▶ Seite 81
beachten, wie zum Beispiel das Bedürfnis nach Selbstdarstellung

▶ Verstärkt partnerbezogene Gesprächstechniken einsetzen,   ▶ Seite 90 – 97
wie: aktives Zuhören, kontrollierter Dialog

▶ Die eigene Fähigkeit zur Empathie stärken   ▶ Seite 97 – 98

Beginn der Maßnahmen: im nächsten
Einzelgespräch

Erfolgskontrolle: nach jedem Gespräch

Ergebnis: _____

Mögliche Maßnahmen bei anfänglichem Misserfolg:

▶ Sich erneut und eingehender mit den Bereichen Kommu-   ▶ Seite 64 – 100,
nikation und Konfliktbewältigung auseinander setzen   187 – 203

Seite 204 ◄

▶ Weiterführende Fachliteratur zu diesen Themen lesen

▶ An Schulungen zum Thema effiziente Kommunikation teil-
nehmen. Tipp: Das Seminar sollte vor allem den Aspekt
»Dialektik« behandeln und das Zuhören üben. (Um den für
Sie richtigen Trainer zu finden, wenden Sie sich am besten an
Ihre Personalabteilung oder fragen nach anderweitigen
Empfehlungen.)

3. Montagmorgens führen Sie regelmäßig Teambesprechungen
durch. Doch die Veranstaltung läuft ebenso regelmäßig aus
dem Ruder und gleitet ab in allgemeines Gerede – und ein um-
setzbares Ergebnis bleibt aus.

Erleben Sie diese Situation häufig?

☐ Nein

☐ Ja, mir ergeht es bei folgenden Meetings so:

_____

_____

Vorschläge zur Lösung des Problems:

Seite 98 – 100 ◄

▶ Eine klare Ablaufstruktur für die Meetings erarbeiten und
sich in Zukunft daran orientieren

Beginn der Maßnahmen: spätestens ab dem
                                       übernächsten Meeting

Erfolgskontrolle: nach jeder Besprechung

Ergebnis: _____

Mögliche Maßnahmen bei anfänglichem Misserfolg:

▶ Meeting erneut durchführen unter Hinzuziehung eines in Sachen Gesprächssteuerung kompetenten (externen) Moderators

▶ Fachliteratur zum Thema Moderation und Leiten von Sitzungen hinzuziehen

▶ Seite 204

▶ An Schulungen zum Thema Gesprächssteuerung und Moderation von Sitzungen teilnehmen. Tipp: Das Seminar sollte vor allem die Aspekte Gesprächs- und Verhandlungsführung behandeln. (Um den für Sie richtigen Trainer zu finden, wenden Sie sich am besten an Ihre Personalabteilung oder fragen nach anderweitigen Empfehlungen.)

Wenn Sie diese Probleme erfolgreich bewältigt haben, können Sie entweder direkt zu Kapitel 4 übergehen oder Sie blättern zurück zur »Situationsanalyse« und beschäftigen sich dort mit Punkt 4.

4 Kritisieren, ohne zu verletzen

**Ziel des Kapitels:
Sie lernen fair und konstruktiv zu kritisieren, um so eine Verhaltensänderung beim Gegenüber zu bewirken**

Es gibt einen Spruch, der lautet: »Abschied bereitet das nächste Wiedersehen vor.« Würden wir ihn auf die Kritik ummünzen, klänge er so: »Kritik bereitet das nächste Engagement vor.« Fällt sie zu harsch aus und wird sie als ungerecht empfunden, dann wirkt sie sich negativ auf die Motivation der Mitarbeiter aus. Wie es hingegen gelingt, fair zu kritisieren, erfahren Sie in diesem Kapitel.

4.1 Was bei unfairer Kritik passiert

Stellen Sie sich vor, Sie hätten 90 von 100 Punkten einer Liste abgearbeitet und nun käme Ihr Vorgesetzter und würde sagen: »90 sind ja ganz gut, aber was ist eigentlich mit den letzten 10? Da hätte ich mehr von Ihnen erwartet!« Was passiert mit Ihrer wirklich hervorragenden »90er-Arbeit«? Sie wird degradiert.

Dies Beispiel erscheint Ihnen etwas zu weit hergeholt? Mitnichten! Leider wird nämlich viel zu häufig in einer Form kritisiert, in der auf das, was negativ ist, deutlicher hingewiesen wird als auf das, was bestens gelungen ist. Im obigen Fall wird die Kritik zum Hauptthema, während gute Arbeit zum Nichts verkommt. Wie würde der Dialog lauten, wenn Sie ihn steuern könnten?

Auch wenn Kritik angebracht ist: Vergessen Sie nicht, die positiven Ergebnisse anzuerkennen!

Reaktionsempfehlung

Sagen Sie: »Lieber Mitarbeiter, Sie haben hervorragende Arbeit geleistet, die 90 Punkte bringen uns ein ganzes Stück voran. Was ich nicht verstehe, ist, warum Sie die letzten 10 nicht gelöst haben. Könnten Sie mir dafür Ihre Beweggründe erklären?«

Nun könnte Ihr Mitarbeiter schildern, aus welchem Grund er die letzten 10 Punkte nicht bearbeitet hat. Sie können davon ausgehen, dass niemand, aber auch wirklich niemand, absichtlich Mist baut. Jeder Mensch möchte erfolgreich sein, keiner macht sich absichtlich zum Verlierer.

Bevor Sie als Führungskraft sich zu früh auf eine Bewertung einlassen, fragen Sie erst einmal nach dem Grund des »Fauxpas«, um sich ein besseres Urteil erlauben zu können.

Hand aufs Herz: Wie oft haben Sie sich bei »Bagatelldelikten« schon bei folgenden Sätzen erwischt?

Wie oft habe ich Ihnen schon gesagt, dass ... (Sie das Licht ausmachen sollen)? oder

Immer lassen Sie ... (das Licht brennen)! oder

Sie haben schon wieder .... (das Licht angelassen)!

Vielleicht meinen Sie es gar nicht so böse. Oft werden derlei Sätze unüberlegt dahingesagt. Aber: Alle drei haben eins gemeinsam, nämlich den Vorwurfscharakter, wodurch sie Aggressionen und Ablehnung hervorrufen. Der Kritiknehmer wird – um sich von dem Vorwurf des Stromverschwendens reinzuwaschen – eine Verteidigungshaltung aufbauen, er wird sich rechtfertigen usw. Das macht es ihm wesentlich schwerer, einsichtig zu werden, um in Zukunft dafür zu sorgen, dass alle Lampen garantiert ausgeschaltet sind. Eher erreichen Sie inneren Widerstand und reißen damit eine neue Konfliktsituation auf.

EXPERTENTIPP

Wenn Sie bestrebt sind, loyale und motivierte Mitarbeiter zu beschäftigen, dann streichen Sie vorwurfsvolle Sie-Aussagen ersatzlos aus Ihrem Repertoire!

Vorschnelle Bewertungen in der »Sie«-Form provozieren Widerstände beim Gesprächspartner

Fragen Sie stets nach dem Grund für die nicht erbrachte Leistung!

Benutzen Sie stattdessen die (immer noch topaktuelle) Ich-Aussage sowie die im Folgenden beschriebenen weiteren Techniken des fairen Kritisierens.

4.2 Hilfreiche Techniken für faire Kritik

Die Ich-Aussage

Statt Ihr Gegenüber durch vorwurfsvolle Äußerungen wie »Immer kommen Sie zu spät!« oder »Schon wieder sind Sie nicht pünktlich!« zu verletzen und eine Antihaltung zu provozieren, greifen Sie lieber zur bewährten *Ich-Aussage*. Die Merkmale dieser Technik:

1. eigene Gefühle aussprechen;
2. die Störung klar benennen;
3. eine Begründung angeben, warum es Sie stört.

Statt »Sie sprechen zu leise!« äußern Sie: »Ich hatte Mühe, akustisch zu folgen, mir war es zu leise, deshalb habe ich nach einer Weile abgeschaltet.«

Nutzen: Sie haben nicht postuliert, dass der »Fehler« beim Gesprächspartner liegt, sondern Ihre eigene »Unzulänglichkeit« in den Vordergrund gestellt. Sie haben dem Gesprächspartner nicht den schwarzen Peter zugeschoben, sondern die Verantwortung für die missglückte Zuhöraktion selbst getragen. Jetzt fragen Sie sich vielleicht: Warum soll ich das tun? Ich kann doch anders viel schneller erreichen, dass der andere lauter spricht! Klar können Sie das. Nur: Sind Sie das Maß aller Dinge, dass Sie urteilen dürfen, was »zu leise« oder »zu laut« ist? Vielleicht spricht Ihr Gegenüber gar nicht zu leise (andere in der Runde können ihn ausgezeichnet verstehen), dann ist doch die Aussage: »Ich kann akustisch nicht folgen« viel unverfänglicher. Vielleicht haben Sie ja »Tomaten auf den Ohren«?

Jemandem
»den schwarzen
Peter zuschieben« verhindert
eine konstruktive Lösung

▶ ÜBUNG

Ich-Aussagen

1. Ihre Sekretärin liefert Ihnen zum dritten Mal einen Brief mit Fehlern ab. Sie sind verärgert, da das Schreiben schon gestern raus gemusst hätte.
   Was sagen Sie ihr? (Beachten Sie dabei die weiter oben genannten drei Merkmale der Ich-Aussage!)

   _____

   _____

   _____

   _____

2. Sie arbeiten gerade sehr konzentriert und werden nun schon zum wiederholten Male von einem Mitarbeiter gestört. Sie sind verärgert und stehen unter Zeitdruck.
   Was sagen Sie ihm?

   _____

   _____

   _____

   _____

3. Sie haben seit Tagen an einer Tabelle/Auflistung/an wichtigen Unterlagen gearbeitet und jedes Mal, wenn Sie fertig sind, hat Ihr nächsthöherer Chef noch Änderungen anzubringen. Er legt Ihre Arbeit auf Ihren Schreibtisch, versehen mit einem Zettel mit den Änderungswünschen. Sie sind ärgerlich und fühlen sich veräppelt und aufgehalten.
   Wie melden Sie die Störung an?

_____

_____

_____

_____

Reaktionsempfehlung

zu 1:

Ich finde es sehr ärgerlich (*1. eigene Gefühle ansprechen*), dass der Brief immer noch nicht raus ist (*2. Störung äußern*), wir machen uns beim Kunden unglaubwürdig (*3. Begründung, warum es Sie stört*).

zu 2:

Ich fühle mich enorm gestört (*1. Gefühle*), da mir die Zeit davonrennt (*2. Störung*); der Bericht muss in einer Stunde vorliegen (*3. Begründung*)!

zu 3:

Chef, ich bin ziemlich verunsichert (*1. Gefühle*); der vermeintlich fertige Bericht liegt immer wieder auf meinem Platz mit Änderungswünschen (*2. Störung*); offensichtlich liegt der »Wurm« in der Verständigung (*3. Begründung*), bitte lassen Sie uns die Angelegenheit klären.

Hier bitten Sie zusätzlich um Klärung!

Ich- und Sie-Aussage im Vergleich

Der Vorteil der Verwendung einer Ich-Aussage ist der, dass Sie die Menschen nicht direkt einer »Untat« bezichtigen. Sie bleiben in der Ausdrucksweise relativ schwammig (sonst rhetorisch streng verboten!), Sie greifen niemanden an, Sie sagen nicht »Sie haben den Brief fehlerhaft geschrieben«, sondern »Der Brief hatte Fehler«. Durch die Tatsache, dass Sie Ihre Sekretärin ansprechen, weiß sie definitiv, wer gemeint ist. Der psychologische Kunstgriff dabei ist, dass sie selbst entdecken »darf«,

Die Ich-Aussage ermöglicht dem Kritisierten, von sich aus in sich zu gehen

dass sie einen Fehler gemacht hat. Sie hat die Wahl, in sich zu gehen, ohne ihr Gesicht zu verlieren. Wenn Sie sie offen bloßstellen (»Sie haben schon wieder einen Fehler gemacht!«), wird sie sich innerlich zur Verteidigung rüsten.

Ich-Aussagen verhindern Rückzug und Verteidigung beim Gegenüber

AUF EINEN BLICK

Die Nachteile der »Sie«-Anrede:	Die Vorteile der »Ich«-Aussage:
Der Gesprächspartner	Der Gesprächspartner
▶ »macht zu«,	▶ bleibt offen,
▶ verteidigt sich,	▶ sinnt eher auf Abhilfe,
▶ rechtfertigt sich,	▶ wird nicht aggressiv,
▶ fühlt sich bloßgestellt,	▶ bleibt selbstbestimmt,
▶ wird eher aggressiv,	▶ fasst den Vorsatz, in Zukunft besser aufzupassen.
▶ sinnt auf Rache.	

Doch Achtung: Die Ich-Aussage löst nicht, wie durch ein Wunder, alle anstehenden (größeren) Probleme! Bei geringfügigen Ärgernissen, die einem so leicht den Alltag erschweren, ist sie allerdings eine echte Erleichterung. Wichtig dabei: Sie können und müssen Ihre Stimme und Ihre Mimik Ihrer momentanen Stimmung anpassen: Wenn Sie ärgerlich sind (und das drücken Sie ja verbal in Ihrer Gefühlsäußerung aus), darf Ihre Stimme ärgerlich klingen. Sind Sie enttäuscht, dann bitte auch enttäuscht klingen, sonst verhalten Sie sich *inkongruent* (unter »Inkongruenz« versteht man eine fehlende Übereinstimmung; in diesem Fall zwischen verbaler Äußerung und gezeigter Emotion).

Praxis: So hilft die Ich-Aussage

FALLBEISPIEL

Stellen Sie sich vor, Sie kommen am Montagmorgen ins Unternehmen und entdecken, dass jemand das Licht übers Wochenende hat brennen lassen. Sie wissen, wer der Verantwortliche ist, und Sie nehmen sich vor, in Kürze ein paar Worte mit Ihrem Mitarbeiter zu reden. Lei-

Wichtig: Sprechen Sie nicht nur über Ihre Gefühle, sondern zeigen Sie sie auch

Kleine Ärgernisse können mithilfe der Ich-Aussage sofort aus der Welt geschafft werden

der kommen Sie nicht sofort dazu und denken etwas später: »Na ja, ist auch nicht so wichtig, wahrscheinlich nur ein Versehen, wird schon wieder ...«

Am nächsten Morgen kommen Sie in die Firma: Das Licht brennt schon wieder! Jetzt wollen Sie sofort ein paar passende Worte loswerden – aber Ihr Mitarbeiter ist bei einem Kunden. Nachmittags sind Sie in einer Dauerkonferenz, also schon wieder keine Chance ... Dritter Tag, die gleiche Situation. Nun platzt Ihnen der Kragen und Sie wollen unbedingt mit ihm reden, nur haben Sie einen Kundenbesuch, der bis in den frühen Nachmittag dauert. An diesem Tag geht Ihr Mitarbeiter früher ... Donnerstag: »The same procedure as every day«, an diesem Tag tobt im Unternehmen der Bär und es besteht keine Chance für ein Gespräch. Am Freitag, da begegnet er Ihnen gleich morgens. Er kommt Ihnen gerade recht! Das, was sich bereits die ganze Woche angestaut hat, platzt nun mit ungeheurer Wucht aus Ihnen heraus. Der Ahnungslose weiß nicht, was ihm geschieht, und ist, noch Stunden nach Ihrem Ausbruch, wie paralysiert.

Reaktionsempfehlung

Lassen Sie es zu einer solch verfahrenen Situation gar nicht erst kommen. Schieben Sie das Gespräch nicht auf die lange Bank. Da Sie jetzt die Kunst der Ich-Aussage beherrschen, können Sie in Zukunft problemlos *sofort* am Montag in aller Ruhe ein Ärgernis aus der Welt schaffen und somit den Zündstoff für Konflikte umgehen. Und haben die ganze restliche Woche den Kopf für wesentlichere Dinge frei.

Und so leiten Sie das Gespräch ein:

Guten Morgen, Herr X. Ich bin sehr verwundert (verärgert/erstaunt/ sauer) (Gefühlsäußerung), *dass das Licht übers Wochenende brannte* (Störung), *das kostet uns nämlich eine immense Menge Strom und Geld* (Begründung).

Schieben Sie die Klärung des »Falls« nicht auf die lange Bank!

DAS A UND O FAIRER KRITIK

Kritik soll **beschreibend** sein und nicht

▶ bewertend (im Sinne von: Ich, der Kritikgeber habe Recht und du, der Kritiknehmer, musst schlucken, was ich dir verabreiche),

▶ psychologisierend (im Sinne von: »Kein Wunder, dass du immer so leise sprichst, wahrscheinlich bist du als Kind oft geschlagen worden«),

▶ interpretierend/unterstellend (im Sinne von: »Na, heute so unkonzentriert, mal wieder die ganze Nacht durchgezecht?«).

Kritik soll im **Inhalt konkret** sein und nicht

▶ zu allgemein,

▶ verschwommen (»Da sollte sich etwas ändern …«).

Kritik soll **angemessen** sein und nicht

▶ zerfleischend,

▶ unangemessen (nicht erst am Freitag kritisieren, wenn am Montag der Vorfall aus dem Weg geräumt werden könnte).

Kritik soll **weiterhelfen** und nicht

▶ zur Befriedigung eigener Bedürfnisse dienen (im Sinne von: »Jetzt zeige ich dir mal, wo's langgeht.« Denn der Kritikgeber sitzt immer am längeren Hebel, nutzen Sie das nicht aus!).

Kritik soll **klar und genau formuliert** sein und nicht

▶ um den heißen Brei herumredend.

Mit dieser Art Kritik provozieren Sie beim »Kritiknehmer« keine überflüssigen Kampfhormone (Adrenalin/Noradrenalin) und somit keinen Blackout. Sie sind Ihrem Ziel (Konsensbildung und gemeinsame Lösungsansätze suchen) wieder einen Schritt näher gekommen.

Nutzen Sie nicht aus, dass Sie als »Kritikgeber« immer am längeren Hebel sitzen!

Es gibt verschiedene Methoden, um eine Brücke zum Gegenüber zu bauen

Kritik-Brücken

Joern J. Bambeck hat in seinem Buch »Soft Power« (1990) einen sehr klugen Weg aufgezeigt, wie Sie Brücken zum Kritiknehmer bauen können. Diese *Kritik-Brücken* haben den Sinn, Abwehrreaktionen und Negativemotionen beim Gesprächspartner zu vermeiden.

Fast alle Brücken enden mit offenen Fragen. Das ist ein sehr guter Einstieg in den Dialog. Achten Sie bei Kritik des Weiteren unbedingt darauf, dass sie stets unter vier Augen stattfindet und niemals vor Publikum. Der Gesichtsverlust beim Kritiknehmer ist enorm, er wird Ihnen nie verzeihen, dass er in der Öffentlichkeit bloßgestellt wurde. Selbst das (nur) zum Mithören verurteilte Publikum reagiert sehr negativ auf öffentliche Kritik – und erklärt sich schnell mit dem »Delinquenten« solidarisch.

Wann ist der richtige Zeitpunkt für Kritik? Auf keinen Fall in einer emotional aufgeladenen Stimmung, dennoch relativ bald nach dem zu kritisierenden Ereignis.

Und bitte beachten Sie stets:

> **EXPERTENTIPP**
>
> Kritik ist nur dazu da, ein *Verhalten* oder eine *Handlung* zu kritisieren, niemals, die Person zu kritisieren.

Mehr zum Thema Kritik finden Sie im Kapitel »Die Brücke zur Sichtweise des anderen«, Seite 160

Folgende *Kritik-Brücken* lassen sich unterscheiden:

► Frage nach dem Grund
► Anerkennung
► Verständnisgrund
► Selbstkritik
► Eine gute Absicht unterstellen

Ein Fall aus der Praxis

FALLBEISPIEL

Den Abteilungsleiter (AL) stört, dass die Mitarbeiter des Gruppen-
leiters (GL) Niederberger – eine Gruppe, die insbesondere in
Stoßzeiten mehr als andere Gruppen leistet – die Mittagspause
über Gebühr ausdehnt.

Negativversion des Gesprächs

AL: *Mir ist aufgefallen, dass Mitarbeiter Ihrer Gruppe ständig die Mittagspause überziehen. So etwas dürfen wir nicht einreißen lassen.
Wo kämen wir hin, wenn dieses schlechte Beispiel Schule macht!
Bitte sorgen Sie dafür, dass Ihre Mitarbeiter künftig die Pausenzei-
ten einhalten.*

GL: *Die machen das mit meiner Erlaubnis …*

AL: (unterbricht ihn) *Umso schlimmer. Wozu haben wir eine Pausen-
ordnung? Sie ist für alle verbindlich. Sorgen Sie also dafür, dass sie
eingehalten wird!*

GL: *Wie Sie wünschen.*

Glauben Sie, dass der Gruppenleiter dem Abteilungsleiter nach diesem Gespräch loyal folgt? Eher nein. Er wird alles daran setzen, hinter
dem Rücken des Abteilungsleiters »seiner« Gruppe etwas Gutes zu-
kommen zu lassen. Hier ist Zündstoff für Konflikte angelegt.

Unter dem Aspekt der einzelnen Kritik-Brücken verläuft das Gespräch jeweils folgendermaßen:

Reaktionsempfehlung: Frage nach dem Grund

AL: *Herr Niederberger, ich finde es nicht gut, dass Ihre Mitarbeiter
häufig die Pause überziehen, denn ich befürchte, wenn eine Gruppe
damit anfängt, machen es die anderen bald nach.
Wie sehen Sie die Sache?* (Frage nach dem Grund)

Fragen Sie nach
dem Grund für
den vermeint-
lichen Fehler!

Reaktionsempfehlung: Anerkennung

AL: *Herr Niederberger, ich finde es nicht gut, dass Ihre Mitarbeiter
häufig die Pause überziehen, denn ich befürchte, wenn eine Gruppe
damit anfängt, machen es die anderen bald nach.
Ich weiß jedoch auch, dass Ihre Gruppe, insbesondere in Stoßzeiten,
mehr Leistung bringt als andere Gruppen* (Anerkennung), *was
allerdings nicht dazu führen darf, dass die Pause überzogen wird.
Wie sehen Sie das?*

Reaktionsempfehlung: Verständnisgrund

AL: *Herr Niederberger, ich finde es nicht gut, dass Ihre Mitarbeiter
häufig die Pause überziehen, denn ich befürchte, wenn eine Gruppe
damit anfängt, machen es die anderen bald nach.
Wahrscheinlich wollten Sie der Gruppe eine Belohnung gönnen?*
(Verständnis)

Anmerkung: Bevor Sie kritisieren, suchen Sie nach einem Grund,
weshalb es Ihnen verständlich erscheint, dass die Gruppe die Pause
überzieht. Dies ist als »Puffer« gedacht, damit der Gruppenleiter keine
Negativemotionen aufbaut. Diese vernebeln nämlich eher die klare
Denkweise und führen kaum zu kreativen Lösungen.

Reaktionsempfehlung: Selbstkritik

AL: *Herr Niederberger, ich finde es nicht gut, dass Ihre Mitarbeiter
häufig die Pause überziehen, denn ich befürchte, wenn eine
Gruppe damit anfängt, machen es die anderen bald nach.
Sie wissen doch, wie pingelig ich in Bezug auf Pünktlichkeit bin.*
(Selbstkritik)

Eine gute Ab-
sicht unterstel-
len lenkt das
Kritikgespräch
in eine positive
Richtung

Reaktionsempfehlung: gute Absicht unterstellen

AL: *Herr Niederberger, ich finde es nicht gut, dass Ihre Mitarbeiter
häufig die Pause überziehen, denn ich befürchte, wenn eine
Gruppe damit anfängt, machen es die anderen bald nach.
Sie haben es sicher mit bester Absicht erlaubt?* (Gute Absicht
unterstellen)

Positivversion des Gesprächs

So könnte das Gespräch verlaufen, wenn beide ernsthaft nach einer tragfähigen Lösung suchen:

AL: *Mir ist aufgefallen, dass einige Ihrer Mitarbeiter häufig die Mittagspause überziehen.* (Kritikpunkt)
Ich weiß, dass gerade Ihre Gruppe überdurchschnittliche Leistungen in Stoßzeiten bringt (Anerkennung), dennoch stört mich die Pausenüberziehung (Ich-Aussage).
Gibt es hierfür einen Grund? (Frage nach dem Grund)

GL: *Die Gruppe packt wirklich mit an, wenn Not am Mann ist, und aus Motivationsgründen wollte ich bei der Mittagspause etwas kulanter sein.*

AL: *Ihre Absicht ist lobenswert (Anerkennung), doch ich möchte nicht, dass das Überziehen der Pause Schule macht oder zu Beschwerden seitens anderer Gruppen führt. Deshalb ist mir die Einhaltung der Pause wichtig. Hätten Sie eine andere Idee, die Leistung der Gruppe anzuerkennen?* (Frage nach Ideen)

GL: *Eine Leistungsprämie wäre eine tolle Anerkennung und Motivation.*

AL: *Bislang haben wir nur gelegentlich anfallende Stoßzeiten, weshalb mir eine Leistungsprämie noch nicht angemessen erscheint. Gäbe es auch andere Möglichkeiten?*

GL: *Wenn ich den Mitarbeitern, natürlich nicht allen gleichzeitig, mal einen Vormittag frei geben könnte für Behördengänge, wären die sicherlich sehr froh.*

AL: *Eine ausgezeichnete Idee! Soweit eine Freigabe am Vormittag vom Arbeitsanfall her vertretbar und als Anerkennung angemessen ist, haben Sie mein Einverständnis.*

GL: *Das wird die Leute sicherlich sehr freuen. Und keine Sorge wegen der Mittagspause – die wird ab morgen exakt eingehalten.*

AL: *Sehr schön. Danke!*

Hier ein Kritikgespräch, das zu einer tragfähigen Lösung führt

Lassen Sie Ihren Mitarbeiter die Lösung finden!

Die Grundregeln für faire Kritik: Fakten prüfen, umgehend, unter vier Augen, eigene Gefühle aussprechen

4.3 Spielregeln für Kritikgespräche

Für *Kritikgespräche* finden Sie hier ein paar Spielregeln, die den »Tadel« weniger unangenehm für beide Seiten machen.

Mir erzählte einmal ein Seminarteilnehmer (Inhaber eines großen Frisiersalons), wenn solch ein Vier-Augen-Gespräch anstehe, dann gehe er mit dem zu Tadelnden um den Block. Er empfand den Vorteil darin, dass man sich nicht so unausweichlich gegenübersaß; man lief nebeneinander, keiner brauchte den anderen anzustarren und gleichzeitig wurde durch die Bewegung Adrenalin abgebaut, was der Hirnarbeit sehr zuträglich war. Entsprechend gut waren auch die Ergebnisse, die während eines solchen aushäusigen Gesprächs erzielt wurden. Doch leider ist es in den Unternehmen nicht üblich, dass Chef und Mitarbeiter zu »Blockgesprächen« das Haus verlassen … Schade!

Und hier die Grundregeln für Kritikgespräche:

▶ Führen Sie das Gespräch niemals »öffentlich«.
▶ Werden Sie sofort aktiv, schieben Sie das Gespräch nicht auf die lange Bank.
▶ Überprüfen Sie die Fakten, vergewissern Sie sich, dass die Informationen korrekt sind. Bitte niemals nur aufgrund von Gerüchten kritisieren.
▶ Sagen Sie dem Betreffenden genau, was er falsch gemacht hat. Kritisieren Sie nur sein Verhalten, nicht seine Motive!
▶ Zeigen Sie ruhig Gefühle: Enttäuschung, Ärger etc.
▶ Gestehen Sie dem anderen zu, eine gewisse Zeit mit Ihnen unzufrieden zu sein! Nichts ist schrecklicher, als einen Vorgesetzten zu haben, der das lähmende Bedürfnis hat, von allen geliebt zu werden.
▶ Bleiben Sie konsequent in Ihrer Forderung nach Spitzenleistungen.

Kritisieren Sie nur das Verhalten, nicht die Motive des Betreffenden!

FALLBEISPIEL

Nehmen wir einmal an, Sie hätten einen Azubi namens Stefan.
Sie haben schon mehrfach bemerkt, dass Stefan am Telefon etwas
ruppig wirkt, haben es aber als »nicht so gravierend« bewertet. Da
ereilt Sie ein Anruf einer guten Kundin, die sich massiv über den
Ton von Stefan beschwert. Jetzt müssen Sie handeln und Stefan zum
Gespräch bitten.

Das *Tadelsgespräch* läuft nach folgendem Schema ab:

1. Positiver Beginn
2. Tatsachen wertneutral nennen
3. Geschlossene Frage (die nur eine Ja-/Nein-Antwort zulässt) zum
   Werturteil
4. Anerkennung der Einsicht
5. Frage nach Ideen zur Lösung, motivierende Anweisung

Die Punkte im Einzelnen:

1. **Positiver Beginn:** Nutzen: Ihm wird durch ein paar freundliche
   Worte die Angst genommen.
2. **Tatsachen wertneutral nennen:** »Stefan, Frau Hinterhuber hat angerufen und sich über deinen ruppigen Ton am Telefon beklagt.«
   Nutzen: Bewertungen vergiften das Klima und zerstören bereits
   am Anfang die Bereitschaft, sich zu bessern.
3. **Geschlossene Frage zum Werturteil:** »Stefan, wollen Sie das Bild
   von sich so stehen lassen?« Nutzen: Es geht nicht um Schuld und
   Nichtschuld, sondern um die Einsicht vonseiten Stefans, dass die
   Situation geglättet werden muss.
4. **Anerkennung der Einsicht:** Nutzen: Stefan wird die Angst vor
   Repressalien genommen.
5. **Frage nach Ideen zur Lösung:** Nutzen: Auch hier soll Stefan seinen
   eigenen Ideen folgen und nicht aufoktroyierten. Falls er keine Idee
   hat, können Sie motivierend Hilfestellung geben.

Nötig für eine
Verhaltensände-
rung: die Einsicht
des Betreffenden

Kritisieren, ohne zu verletzen

So lernen Sie, fair und konstruktiv zu kritisieren

Im Folgenden sind die Kernprobleme auf den Punkt gebracht. Entscheiden Sie, wo Sie aktiv werden müssen, und setzen Sie die vorgeschlagenen Maßnahmen um.

1.   Wann immer es geht, drücken Sie sich vor Kritikgesprächen mit Mitarbeitern. Denn Sie wissen nicht, welchen Regeln Sie folgen sollen, um schließlich eine positive Veränderung zu bewirken.

Erkennen Sie sich wieder?

    Nein

    Ja, in folgenden Fällen habe ich mich vor Kritik gedrückt:

_____

_____

Vorschläge zur Lösung des Problems:

Siehe dazu:

Seite 108 – 112, ◄
114 – 117

Seite 113, 118 – 119 ◄

▶ Sich spezielle Techniken fairer und konstruktiver Kritik aneignen, wie Ich-Aussage und Kritik-Brücken

▶ Sich die Spielregeln für Kritikgespräche aneignen: Im Vorfeld Rahmenbedingungen für das Gespräch festlegen (Zeitpunkt, Ort, Dauer etc.) sowie den Gesprächsablauf (Einstieg, Thema, Ziel, Ausklang) detailliert vorstrukturieren

Beginn der Maßnahmen: rechtzeitig vor dem
                                   nächsten Kritikgespräch

Erfolgskontrolle: nach jedem Gespräch

Ergebnis: _____

Mögliche Maßnahmen bei anfänglichem Misserfolg:

▶ Bei jeder sich bietenden Möglichkeit das faire Kritisieren üben, auch im Privatbereich

▶ Kollegen derselben Hierarchiestufe um Rat und Unterstützung angehen

▶ Sich erneut mit dem gesamten Themenkomplex Kommunikation beschäftigen

▶ Weiterführende Fachliteratur lesen zum Thema Kritikgespräche führen. Mein Buchtipp: H. Scheerer, 1989   ▶Seite 204

▶ An Schulungen teilnehmen zum Thema Kritikgespräche führen. Tipp: Das Seminar sollte vor allem den Aspekt »Kritisieren, ohne zu verletzen« behandeln. (Um den für Sie richtigen Trainer zu finden, wenden Sie sich am besten an Ihre Personalabteilung oder fragen nach anderweitigen Empfehlungen.)

2.   Wenn Sie ehrlich sind, müssen Sie sich eingestehen, dass Ihrer Kritik oft das rechte Maß fehlt. Die Quittung bekommen Sie meist umgehend: Der Mitarbeiter »macht dicht«, baut Aggressionen und innere Widerstände auf. Und: Nichts verändert sich zum Positiven hin, denn mit seiner Motivation ist es erst einmal vorbei.

Kommt dieser Fall Ihnen bekannt vor?

◻ Nein

◻ Ja, mir ist es so ergangen im Fall

_____

_____

Vorschläge zur Lösung des Problems:

Seite 106 – 107 ▶ Sich bewusst machen, was derlei heftige Kritik im Gegenüber bewirkt

▶ Bewusst innehalten und überlegen, bevor man zur Kritik ansetzt

Seite 108 – 117 ▶ Sich spezielle Techniken fairer Kritik aneignen, wie Ich-Aussage und Kritik-Brücken

▶ Anstehende Gespräche detailliert vorstrukturieren und sich an diesen Plan halten

Beginn der Maßnahmen: rechtzeitig vor dem nächsten Kritikgespräch

Erfolgskontrolle: nach jedem Gespräch

Ergebnis: _____

Mögliche Maßnahmen bei anfänglichem Misserfolg:

Seite 90 – 98 ▶ Verstärkt partnerbezogene Gesprächstechniken einüben und einsetzen, wie aktives Zuhören, kontrollierter Dialog

Seite 93 – 97 ▶ Die eigene Fähigkeit zur Empathie stärken

Seite 204 ▶ Weiterführende Fachliteratur lesen zum Thema Kritikgespräche führen

▶ An Schulungen zum Thema Kritikgespräche führen teilnehmen. (Um den für Sie richtigen Trainer zu finden, wenden Sie sich am besten an Ihre Personalabteilung oder fragen nach anderweitigen Empfehlungen.)

3. Sie haben einem Mitarbeiter eine umfangreiche Aufgabe übertragen, die er bereits (wie Sie mitbekommen haben) zu 90 Prozent erfolgreich erledigen konnte. Doch was tun Sie? Sie lassen dies unerwähnt und kritisieren stattdessen völlig unbedacht die unerledigten 10 Prozent! Die Folge: Demotivation.

Leisten Sie sich auch manchmal einen solchen »Fauxpas«?

☐ Nein

☐ Ja, ich habe folgenden Mitarbeiter unbedacht kritisiert:

_____

_____

_____

Vorschläge zur Lösung des Problems:

▶ Sich klarmachen, was in solchen Situationen – vielleicht völlig ohne böse Absicht – passiert

▶Seite 106

▶ Unbedachte Äußerungen vermeiden lernen, indem man bewusst innehält und überlegt, bevor man etwas sagt

▶ In Zukunft: bereits erfolgte positive Leistungen anerkennen, Gründe für das »Versäumnis« ermitteln (Selbstdarstellung ermöglichen!) und erst dann – fair und konstruktiv! – kritisieren

▶Seite 106 – 107

Beginn der Maßnahmen: ab sofort

Erfolgskontrolle: nach jedem »Kritikfall«

Ergebnis: _____

Mögliche Maßnahmen bei anfänglichem Misserfolg:

▶ Bewusstes Innehalten und Überlegen einüben; als »Übungs-
feld« kann dabei jede nur erdenkliche Gesprächssituation
dienen

▶ Sich immer wieder klarmachen, welchen Schaden unbedachte
Äußerungen anrichten können

Seite 204 ◀ ▶ Weiterführende Fachliteratur lesen zum Thema
Kritikgespräche führen

▶ An Schulungen zum Thema Kritikgespräche führen teilnehmen. (Um den für Sie richtigen Trainer zu finden,
wenden Sie sich am besten an Ihre Personalabteilung oder
fragen nach anderweitigen Empfehlungen.)

*Wenn Sie diese Probleme erfolgreich bewältigt haben, können
Sie entweder direkt zu Kapitel 5 übergehen oder Sie blättern zurück
zur »Situationsanalyse« und beschäftigen sich dort mit Punkt 5.*

Erfolgsrezept Motivation

Motivation ist nach landläufiger Meinung Chefsache: Sie sollen aktiv werden, also motivieren (was auch immer es bedeutet) – und prompt sind die Mitarbeiter motiviert? Weit gefehlt, denn Motivation entsteht nicht (nur) durch Anstöße von außen. Sie als Chef haben lediglich die Verantwortung dafür, dass ein Umfeld geschaffen wird, in dem die Mitarbeiter gerne und motiviert arbeiten. Das Klima muss stimmen, die Stimmung muss stimmen, das Vertrauen muss stimmen, die Leistungsmöglichkeit muss stimmen ... Wie Sie das hinkriegen, lesen Sie auf den nächsten Seiten.

Ziel des Kapitels: Sie erfahren, wie es gelingt, ein Klima zu schaffen, das ihre Mitarbeiter zu Höchstleistungen beflügelt

Sieben ironische Regeln zur Motivation

Als kleiner, amüsanter Einstieg in dieses ernste Thema hier sieben Regeln, angelehnt an Vera F. Birkenbihl (Quelle unbekannt):

1. **Übervorteilen Sie andere Menschen regelmäßig.** Wenn Sie immer an Ihren Vorteil denken und diesen über alle Gefühle anderer stellen, dann werden diese anderen sich selbstverständlich jederzeit wahnsinnig gerne für Sie einsetzen.
2. **Üben Sie sich in der Kunst der Schuldzuweisung.** Sagen Sie auf alle Fälle immer laut und deutlich, wer gerade Mist gebaut hat – so befreien Sie die kreativen Energien der anderen.
3. **Geben Sie anderen niemals genügend Zeit, sich zu äußern.** Unterbrechen Sie, winken Sie müde ab und wischen Sie die Argumente anderer rigoros vom Tisch – so macht man sich richtig beliebt.

Zur Nachahmung nicht empfohlen – aber geeignet zum Schmunzeln ...

Demotivation
garantiert:
7 Anti-Tipps
von Birkenbihl

4. **Wann immer Ihnen die Argumente ausgehen, beginnen Sie laut zu schreien,** damit man Sie wenigstens gut hören kann.

5. **Üben Sie immer Druck auf andere aus,** denn unterdrückte und bedrückte Mitmenschen arbeiten natürlich freudig und effizient.

6. **Zwingen Sie anderen Ihre Meinung auf,** unabhängig davon, ob Ihre Meinung unbedingt besser ist: Hauptsache, Sie setzen Ihren Ansatz durch. Damit ersparen Sie diesen armen Menschen die Notwendigkeit, selbst nachzudenken; man wird Ihnen ewig dankbar sein.

7. **Wurschteln Sie sich ziel- und planlos durchs Leben,** denn wer sich vorher nicht festlegt, der kann auch keinen Misserfolg haben. Mitarbeiter und andere Gesprächspartner lieben es, nicht zu wissen, wo es langgeht. Außerdem haben Sie den enormen Vorteil, dass man Sie später mit Sicherheit niemals der Zielverfehlung anklagen kann.

Soweit die natürlich nicht sehr ernst gemeinten Tipps von Vera F. Birkenbihl.

5.1 Intrinsische und extrinsische Motivation

Folgende kleine Geschichte (nach Sprenger, 1992, Seite 67) gibt einen guten ersten Einblick in die beiden Motivationsrichtungen:

Lehrreich in Sachen Motivation: diese kleine Geschichte zum Nachdenken

Es lebte einst am Rande der Stadt ein alter Mann, der sich in seinem Häuschen seines Lebensabends erfreuen wollte. Leider wurde der Genuss durch die Nachbarskinder nachhaltig gestört, die täglich kamen, um ihn zu ärgern. Er hatte schon alles versucht, um sie zu verjagen – erfolglos! Da kam ihm eines Tages die zündende Idee: Er rief die Kinder (nachdem sie ihn wieder geärgert hatten) zu sich und versprach: »Kinder, wenn Ihr morgen noch einmal kommt, um mich zu ärgern, bekommt jeder von euch eine Mark.« Die Kinder begrüßten diesen

Vorschlag mit großem Hallo und kamen am nächsten Tag pünktlich und mit großer Begeisterung, um ihn zu ärgern. Danach rief er die Kinder wieder zu sich und sagte: »Wenn ihr mich morgen noch einmal ärgert, dann bekommt jeder von Euch 50 Pfennig.« Die Kinder kamen noch einmal, um ihn zu ärgern, aber weit lustloser. Er rief sie anschließend wieder zu sich und sagte: »Wenn Ihr morgen noch einmal kommt, um mich zu ärgern, bekommt jeder von euch 10 Pfennig.« Die Kinder blieben weg.

Was lehrt uns diese Geschichte von Sprenger? Antwort: Belohnung ist nicht in jedem Fall das beste Mittel zur Leistungssteigerung. In der Geschichte waren die Kinder anfangs *intrinsisch* (von innen heraus) motiviert, den alten Mann zu ärgern. Als dann Geld winkte, wurde es zunächst erfreut genommen. Allerdings wirkte die Bezahlung in diesem Moment so, als ob sie eine Belohnung sei für etwas bereits in der Vergangenheit Geleistetes. Wie eine echte Belohnung eben. Als dann am nächsten Tag damit gelockt wurde (für eine Leistung, die erst in Zukunft ausgeführt werden sollte), kippte die Belohnung in einen *»Köder-Anreiz«*. Dadurch wurde intrinsische Motivation zerstört und die Kinder ärgerten den Mann nur noch, weil ihnen dafür Geld versprochen wurde. Damit war es ein *extrinsischer* Anreiz. Als dann der Köder immer kleiner wurde, schmolz auch die Motivation dahin.

Wenn wir diesem Muster folgen und es auf die »Belohnung« durch *Incentives* (englisch für »Anreize«) übertragen, dann müssen wir irgendwann einmal den Mars bestuhlen. Es gibt auf der Erde kaum noch einen Flecken, der motivierende Anreize schaffen könnte. Acapulco und Jamaika sind incentivemäßig schon abgegrast. Die Radtour auf Mallorca ist ein alter Hut und die Reise in die wunderschöne Lüneburger Heide wird als Beleidigung empfunden. Das Essen beim Italiener nebenan (als Belohnung für eine nicht unerhebliche Umsatzsteigerung), führt zwingend zur inneren Kündigung!

Motivation von innen heraus (intrinsisch) lautet das Erfolgsrezept für gute Leistungen

Incentives können zu Motivationskillern werden

Das Ziel: gute
Rahmenbedin-
gungen für
intrinsische
Motivation
schaffen

So fördern Sie
die intrinsische Motivation

Also: Wenn Motivieren durch äußere Anreize (durch Ködern) nicht wirkt, durch was dann? Der Grundgedanke – der neu unter die Lupe genommen werden sollte – ist der: Kann eine Führungskraft überhaupt motivieren? Kann »Motivieren« eine aktive Handlung werden, ohne dass sie wieder in extrinsische Motivation abrutscht? Oder muss die Frage generell anders gestellt werden? Etwa so: Kann ich eine Umgebung schaffen, in der meine Mitarbeiter ihrer intrinsischen Motivation leicht und einfach folgen können? Kann ich ein *Klima* schaffen, in dem Begeisterung und Freude die Beweggründe für Arbeit sind? Nehmen wir einmal an, die Fragen wären, so wie sie gestellt sind, richtig, dann resultiert daraus bereits die nächste Frage: Wie kann ich solche *Rahmenbedingungen* schaffen?

Folgendes Negativbeispiel zum Thema Motivation erzählte mir ein Seminarteilnehmer:

Die Geschäftsleitung in seiner Firma änderte – ohne sich mit den Mitarbeitern darüber abzustimmen – die Arbeitszeiten. Ab dem Tag X begann der Arbeitstag um 8 Uhr 30 statt wie bisher um 8 Uhr. Die Geschäftsleitung dachte, jetzt habe sie den Mitarbeitern eine große Freude gemacht und wartete auf die positive Wirkung, den Motivationsschub, den diese Maßnahme sicherlich nach sich ziehen würde. Sie wartete vergebens. Im Gegenteil: Die Stimmung wurde immer gereizter und bei näherer Untersuchung stellte sich heraus, dass viele der Angestellten morgens mit öffentlichen Verkehrsmitteln anreisten. Die Busverbindungen aber waren so schlecht, dass nicht auf einen späteren Bus ausgewichen werden konnte. Das bedeutete, diese Mitarbeiter mussten um dieselbe Uhrzeit mit demselben Bus fahren wie vor der Arbeitszeitveränderung. Sie mussten also eine halbe Stunde Wartezeit in Kauf nehmen, bevor sie mit ihrer Arbeit beginnen durften!

Begeisterung
und Freude soll-
ten die Beweg-
gründe fürs
Arbeiten sein

Das ist klassische Demotivation, die aus dem Ignorieren der Menschen und deren Bedürfnisse resultiert. Für viele Mitarbeiter entstand ein realer Nachteil aufgrund dieser einsamen Entscheidung. Das Positive zum Schluss: Die Geschäftsleitung hat die Arbeitszeitveränderung inzwischen wieder rückgängig gemacht.

Die Kernfrage:
Wie können Sie,
wie können Ihre
Mitarbeiter zu
einem motivie-
renden Klima
beitragen?

> Die wichtigste Voraussetzung für Motivation: Sie müssen in Erfahrung bringen, wodurch intrinsische Motivation sich ankurbeln lässt. Was können Sie dazu beitragen? Was der Mitarbeiter selbst? Droht durch das Wegnehmen des bisher bekannten Belohnungs- und Anreizsystems die Gefahr von Demotivation? Wie überhaupt beginnen?

Sehen wir uns den Aspekt »intrinsische Motivation« von einem anderen Blickwinkel an: Stellen Sie sich vor, Ihre Mitarbeiter wären (im positiven Sinne) Esel. Was haben Esel für typische Verhaltensweisen? Sie laufen erst eine Weile und dann bleiben sie stehen. Gut, Sie möchten aber, dass Ihr Esel weiterläuft. Was machen Sie also? Sie geben ihm einen Tritt in den A…llerwertesten. Diese Handlung hat einen Namen: Man nennt sie nach Frederic Herzberg das »KITA Modell«, was so viel heißt wie »Kick in the ass«. Durch diesen frischen Energieschub läuft der Esel wieder ein Weilchen, um dann (ganz »eselgemäß«) wieder stehen zu bleiben, und die Prozedur KITA wiederholt sich. Der Esel kommt ganz entspannt am Ziel an, Sie etwas erschöpfter.

Gott sei Dank sind Sie jetzt in eine Position aufgerückt, in der Sie treten lassen könnten …, wenn Sie es nicht für extrem unökonomisch halten würden. Denn warum zwei Personen auf ein und dasselbe Ziel ansetzen? Es ist doch wesentlich pfiffiger, dem Esel eine Möhre vor die Nase zu binden! Dann läuft er quasi wie von allein. Denken *Sie*. Der Esel macht aber gerade eine Gras-Diät und zeigt sich von der Möhre zutiefst unbeeindruckt. Da Sie jedoch nicht wissen, dass er eine Diät macht, ist guter Rat teuer. Was könnte den Esel motivieren weiterzugehen? Da liegt bereits der Knackpunkt! Zermartern Sie sich nicht mehr *Ihr* Hirn

Anreize von
außen führen
(meist) nicht zu
einer dauerhaf-
ten Motivation

Ist-Analyse
durchführen:
die Mitarbeiter
befragen, was
sie motiviert

über die Frage, was den Esel motivieren könnte. Das ist nicht Ihre Aufgabe (wenn Sie die neuen Werte »gutes Klima« etc. ernst nehmen). Stellen Sie diese Frage Ihren Mitarbeitern direkt: »Was motiviert Sie?«

Auf diese Weise erhalten Sie eine *Ist-Analyse*! Wenn Sie das Klima in Ihrem Unternehmen als leicht gespannt einschätzen und Sie das Gefühl haben, die Mitarbeiter stehen unter Druck oder haben (begründet oder unbegründet) Angst vor Repressalien, wenn sie sich zu offen äußern, dann führen Sie die Befragung anonym durch. Sollte ein vertrauensvolles, offenes Klima herrschen, dann können Namen genannt werden. Lassen Sie das die Mitarbeiter selbst entscheiden.

Ist-Analyse

Stellen Sie Ihren Mitarbeitern diese offenen Fragen (nach Hagemann, 1990, Seite 38; eine »offene« Frage wird mit vollständigen Sätzen beantwortet, eine »geschlossene« hingegen nur mit Ja oder Nein):

▶ Wodurch fühlen Sie sich motiviert?

▶ Was demotiviert Sie eher?

▶ Was kann Ihr Vorgesetzter tun, um Sie motivierend zu unterstützen?

▶ Was können Sie selbst tun, um an Ihrer Arbeit Freude zu haben?

▶ Wenn in einem Unternehmen eine Veränderung stattfindet oder es umorganisiert wird, passt das den Mitarbeitern oft gar nicht. Was sind Ihrer Meinung nach die Gründe dafür, dass die Mitarbeiter eine negative Einstellung gegenüber Neuerungen haben?

▶ Kann die Unternehmensleitung etwas tun, um die Mitarbeiter dazu zu motivieren, Veränderungen als Chance anstatt als Bedrohung zu sehen?

▶ Was können Sie selbst dazu beitragen?

▶ Glauben Sie, dass eine (vorher versprochene) Sonderentlohnung nach einem erzielten Ergebnis zu größeren Leistungen anspornt? Wie beurteilen Sie in diesem Zusammenhang die interne Konkurrenz zwischen den Kollegen?

Bitte legen Sie
die Mitarbeiter-
Befragung nicht
einfach in die
Schublade, son-
dern reagieren
Sie darauf!

Wenn Sie diese Befragung ausgewertet haben, müssen Sie darauf reagieren! Es wirkt äußerst demotivierend, nichts mehr darüber zu erfahren, wozu man sich äußern sollte. Die Mitarbeiter fühlen sich ignoriert und dadurch nicht ernst genommen. Sie haben im Kapitel »Dialektik« schon erfahren, dass dauerhafte Ignoranz die Gesundheit schädigt.

Untersuchungen bestätigen: Materielle Anreize bringen wenig

Was motiviert die Mitarbeiter?

Wahrscheinlich haben Sie sich die ganze Zeit die Frage gestellt, ob Sie nicht mit Geld viel leichter eine höhere Motivation erreichen. Dazu gibt es eine Vielzahl von Untersuchungen (unter anderem bei Sprenger, 1992, und Hagemann, 1990), die alle zum gleichen Ergebnis kommen. Was schätzen Sie: Wie sehen diese Ergebnisse aus?

Motivation resultiert zu ...
?? Prozent aus der Befriedigung psychosozialer Bedürfnisse, wie

- Feedback
- Zugehörigkeit
- Offenheit
- Ehrlichkeit
- Glaubwürdigkeit
- Vertrauen
- Gerechtigkeit
- Aufmerksamkeit
- Verantwortung
- Mitwirkung

?? Prozent aus der Befriedigung intellektueller Bedürfnisse, wie
- Selbstverwirklichung
- interessante und abwechslungsreiche Arbeitsaufgaben
- Herausforderung

?? Prozent aus
- materiellen Anreizen

Auflösung
Zirka 65 Prozent psychosoziale Bedürfnisse, etwa 25 Prozent intellektuelle Bedürfnisse, ungefähr 10 Prozent materielle Anreize.

Diese Untersuchung beschränkte sich auf das Dienstleistungsgewerbe. Für Arbeiter in der Produktion bedeutet die Höhe des Lohns wahrscheinlich mehr. Laut Sprenger wurden Mitarbeiter der »Deutschen Bank« befragt, was Menschen motiviert: 80 Prozent der Befragten antworteten, dass Lust und Spaß an der Arbeit wichtiger seien als

Die Befriedigung psychosozialer Bedürfnisse motiviert am meisten

**Die Zusammen-
hänge von
Motiv, Verhalten
und Ziel**

die Entlohnung. Diese Ergebnisse werden noch unterstützt durch die vielen ehrenamtlich arbeitenden Menschen, ohne deren Mitarbeit die meisten karitativen Einrichtungen gar nicht überlebensfähig wären. Natürlich sind Wirtschaftsunternehmen keine karitativen Einrichtungen, die Frage ist nur, ob wir von diesen hoch motivierten Menschen etwas lernen können?

Geld hat eine kurze Halbwertzeit. Der Motivationsschub ist nicht von langer Dauer. Sonst brauchten Sie allen Unproduktiven nur höhere Gehälter bezahlen – und schon käme der Laden wieder in Schwung!

> Es muss eine gesunde Ausgewogenheit zwischen Leistung und Bezahlung bestehen, sonst wird der Ruf nach mehr Gehalt der lauteste sein und alle anderen Bedürfnisse, wie zum Beispiel Aufmerksamkeit, Vertrauen oder Verantwortung, zunächst in den Hintergrund drängen. Ist die Ausgewogenheit hergestellt, kann Geld nicht mehr der ausschlaggebende Anreiz für dauerhafte Motivation sein.

5.2 Motivation durch Verhaltensänderung?

Stellen Sie sich vor, Sie hätten Hunger – das ist Ihr *Motiv*. Was ist Ihr *Ziel*? Essen? Falsch! Sättigung ist Ihr Ziel. Ihr *Verhalten* ist Essen.

Wer schon einmal eine Diät gemacht hat, weiß, wie schwer es ist, abzunehmen, wenn wir lediglich versuchen, unser Essverhalten (unsere Gewohnheiten) zu ändern. Kurzfristig gelingt es uns, es verschwinden auch ein paar Kilo. Und dann …? Fallen wir wieder in unser altes Essmuster zurück und alles beginnt von vorne!

**Wenn Sie eine
Verhaltensände-
rung wünschen,
setzen Sie am
»Ziel« an!**

Als ob ein straff gespanntes Gummiband um »Verhalten« (Essgewohnheiten) liegen würde, das sich mit der kurzfristigen Verhaltensänderung mit dehnt, um immer dann, wenn der Druck nachlässt, in seinen ursprünglichen Spannungszustand zurückzuschnellen.

Der Hunger nach Anerkennung

Auch ein Fehl-
verhalten kann
den Hunger nach
Anerkennung
stillen

Sie haben einen Mitarbeiter, der es sich zur lieben Gewohnheit gemacht hat, morgens zu spät zu kommen.

Sie haben schon alles versucht: Sie haben mit ihm sehr ernst unter
vier Augen gesprochen, Konsequenzen angedroht, Sie haben ihm einen Wecker geschenkt, Sie haben es mit Humor genommen, Sie haben
ihn abgemahnt. Er hat immer wieder Besserung gelobt, es aber nie
lange durchgehalten.

Wenden wir obiges Modell einmal auf das Mitarbeiterverhalten an:

Angenommen, des Mitarbeiters Motiv wäre zum Beispiel: *Hunger
nach Anerkennung.* Dann bekommt er diese seit seinem »Fehlverhalten« endlich, und zwar satt! Seit er zu spät kommt, genießt er so viel
Aufmerksamkeit wie noch nie. Die Kollegen begrüßen sein morgend-
liches Erscheinen mit großen Hallo. Jeder bemerkt ihn, er bekommt sogar Briefe nach Hause. Was Besseres kann ihm doch gar nicht passieren!

Dieses *Verhaltensmuster* ist schon bei Kleinkindern zu beobachten:

Stellen Sie sich vor, Sie wären Vater eines vierjährigen Mädchens. Ihre
kleine Tochter käme zu Ihnen mit der Bitte: »Papi, Papi, bitte spiel mit
mir.« Sie sitzen zu Hause am Schreibtisch und haben sich gerade in
eine knifflige Sache vertieft. Entsprechend fällt Ihre Reaktion aus:
»Du siehst doch, ich kann jetzt nicht, bitte geh zur Mama.« Die Kleine
trollt sich und versucht ihr Glück bei der Mama. Auch diese ist gerade
beschäftigt: Sie bügelt Papas Smoking-Hemd – braucht ihre ganze
Konzentration. Entsprechend fällt auch hier die Antwort aus: »Geh
zur Oma.« Oma macht irgendetwas anderes und Opa hält seinen
Mittagsschlaf. So, nun ist die Kleine ernsthaft frustriert, denn so viel

Kleinkinder sind
Meister darin,
sich Zuwendung
zu verschaffen –
auch mittels
Fehlverhalten

Die Einstellung zu den Mitarbeitern kann intrinsische Motivation ankurbeln

Ignoranz übersteigt ihre Grenze. Sie entschließt sich unbewusst, die Aufmerksamkeit anders auf sich zu lenken, und geht mit ausgestreckten Ärmchen auf die äußerst wertvolle, antike chinesische Vase zu. Kurz bevor sie sie berührt, um sie runterzuwerfen, stehen Mama, Papa, Oma, Opa plötzlich neben ihr.

Was glauben Sie, wie viele »chinesische Vasen« (noch) in ihrem Unternehmen stehen?

Hätte der Papa seine Kleine kurz auf den Arm genommen (um ihr zu dokumentieren »Ich habe dich lieb, ich nehme dich wahr«) und sie mit ein paar liebevollen Worten zu ihrem Puzzle geschickt, dann müsste sie keinen Blödsinn machen, um auf sich aufmerksam zu machen.

Zurück zu Ihrem zu spät kommenden Mitarbeiter: Vielleicht ist das Zuspätkommen seine »chinesische Vase«. Und er »schreit« stumm nach Aufmerksamkeit? Es wäre einen Versuch wert, nicht das Verhaltensgummiband zu strapazieren, sondern das Ziel ins Auge zu fassen.

Das Ziel wäre: *Sättigung des Hungers (nach) Anerkennung.* Es ist anzunehmen, dass der Mitarbeiter nicht nur zu spät kommt, sondern auch etwas leistet. Vielleicht sogar zu Ihrer vollen Zufriedenheit. Es wäre doch einen Versuch wert, herauszufinden, ob nicht Aufmerksamkeit von Ihnen, für die gute Leistung, eine positive Verhaltensänderung in Richtung Pünktlichkeit nach sich ziehen würde.

An dieser Stelle intervenieren viele Seminarteilnehmer: »Jetzt sollen wir auch noch jemand loben, obwohl er zu spät kommt? Soll er erst einmal lernen, pünktlich zu kommen, wie alle anderen auch, dann können wir ja mal sehen …« Doch sie sollen ihn ja nicht wegen seines Zuspätkommens loben, sondern wegen einer Leistung, mit der Sie wirklich zufrieden sind! Differenzieren Sie!

Aufmerksamkeit und Anerkennung bewirken häufig eine positive Verhaltensänderung

Ihre *Einstellung* zu Ihren Mitarbeitern, Ihre Erwartungen an den Einzelnen, trägt wesentlich dazu bei, gute Rahmenbedingungen zu schaffen, um intrinsische Motivation wieder anzukurbeln. Wenn die Menschen wissen, dass Sie gute Leistungen von ihnen erwarten, werden sie in der Regel alles tun, um diesen Erwartungen gerecht zu werden. Wenn Sie ständig mit dem Schlimmsten rechnen, wird sich auch diese Vorhersage mit enttäuschender Genauigkeit erfüllen.

> Niemand möchte gerne ein Versager sein. Im Gegenteil: Jeder Mensch hat tief im Innersten den Wunsch, etwas zu leisten oder zu vollbringen. Dies ist ein wunderbarer Ansatz für die Schaffung bester klimatischer Rahmenbedingungen.

Vorsicht, Demotivation!

Ein weiterer gravierender Demotivationsfaktor – neben dem Mangel an Anerkennung – ist die Vorgabe von Umsatzzahlen: Die Mitarbeiter (am stärksten betroffen ist der Außendienst) beanstanden (meist zu Recht), dass dieses Zahlendiktat vom »grünen Tisch« stammt. Leider, so höre ich immer wieder, werden die Erfahrungen, die die Mitarbeiter tagtäglich direkt am Markt, mit Kunden, sammeln, nicht berücksichtigt. Beim Erstellen der Soll-Zahlen spielen diese oft sehr hautnahen und somit realistischen Rückmeldungen keine Rolle.

Es ist wirklich sehr schwer nachvollziehbar, dass eine hoch qualifizierte Mannschaft, der selbstverständlich täglich das Allerbeste abverlangt wird, stumm zusehen muss, wie Demotivation mit akribischer Präzision aufgebaut wird. Die meisten Mitarbeiter haben sich daran gewöhnt und nehmen die Zahlenvorgaben achselzuckend zur Kenntnis. Glaubt die jeweilige Geschäftsleitung ernsthaft, dass so mehr Umsatz gemacht wird? Wenn die Menschen die tagein, tagaus am Marktgeschehen teilhaben, dieses Marktgeschehen prägen, wenn diese Menschen überhaupt nicht zurate gezogen werden? Ist der Widerspruch noch niemandem aufgefallen: Auf der einen Seite sind die Mitarbeiter angeblich qualifiziert genug, um auf den sensiblen Kunden losgelassen zu werden, andererseits scheint man ihnen die nötige Qualifikation – den Markt und damit auch die Zahlen einschätzen zu können – wieder abzusprechen.

Wichtig: Vertrauen Sie der »Kundenkompetenz« Ihrer Mitarbeiter!

**Kurzfristige
Störungen und
Motivationstiefs
bewältigt das
Team meist von
selbst**

Eine Umsatzvorgabe darf nicht ein Diktat von oben sein,
sondern muss gemeinsam definiert werden! Was tut der
Mensch am liebsten? Das ausführen, woran er selbst glaubt,
woran er mitgewirkt hat, und niemals das, was ihm aufgezwungen wird.

5.3 So bekommen Sie Störungen in den Griff

Ein »Unruhestifter« stört die Team-Harmonie

Prüfen Sie zunächst, ob es sich um eine kurzfristige Störung handelt (eine solche kann immer wieder mal auftauchen) oder ob die Gruppe von einem Unruhestifter allmählich aufgewiegelt wird und sich das Klima generell verschlechtert.

Falls es sich um ein kurzfristiges, temporäres Gruppentief handelt, die Stimmung ansonsten in Ordnung ist, dann lassen Sie dem Team den nötigen Spielraum, die Unruhe selbst zu regulieren. Geraten Sie nicht in Panik, falls negative Emotionen aufkommen. Würden Sie sich zu früh einmischen, wird eventuell aus einer Bagatelle ein echtes Problem. Die Angelegenheit bekommt nämlich dadurch, dass sie auf einer höheren Ebene landet, (noch mehr) Brisanz.

Merken Sie allerdings, dass sich das Problem nicht von selbst reguliert, dann holen Sie den »Aggressor« aus der Gruppe heraus und geben Sie ihm Gelegenheit, Ihnen gegenüber seinem Ärger Luft zu machen. Fangen Sie den Frust ab, *bevor* er die Gruppe negativ beeinflusst. Der Vorteil für Sie liegt darin, dass Sie den möglichen Unruhestifter besser kennen lernen und so einschätzen können, woher seine Unruhe stammt: zum Beispiel aus seiner grundsätzlichen Ablehnung aller Autoritäten oder seinem Frust gegenüber einer bestimmten Aufgabe. Vielleicht wollte er auch Ihren Posten haben und hat diesen Verlust

**Bei ernsthaften
Störungen: den
»Aggressor« aus
der Gruppe
holen und Frust-
ursachen er-
mitteln**

noch nicht verkraftet. Sollte seine Verärgerung einen wirklich guten Grund haben, lernen Sie diesen kennen und können darauf reagieren. Sollte sich der Grund hingegen als nichtig erweisen, dann weiß zumindest der Mitarbeiter, dass Sie darauf aufmerksam geworden sind, und das kann schon einiges von selbst lösen.

Bitte auch hier nicht in die Falle treten und zu früh *bewerten*: »So einen Störenfried kann ich nicht gebrauchen, der muss weg!« Wägen Sie ab, ob er sonst gute Leistung bringt, ob seine Kreativität oder sein Querdenken Ihre Abteilung sogar befruchtet. Sollten Sie jedoch zu dem Schluss kommen, dass er einfach nur ein unangenehmer Querulant ist, und die Störungen den Betriebsfrieden ernsthaft gefährden, dann entfernen Sie ihn aus der Gruppe.

Allmählich merken Sie, weshalb Ihre Aufgaben als neuer Chef zu 60 Prozent aus Führungsaufgaben bestehen und nurmehr zu 40 Prozent aus fachlichen Dingen …

Ein Mitarbeiter zieht nicht richtig mit

Wenn ein Mitarbeiter nicht richtig mitzieht, obwohl Sie ihm wesentich mehr zutrauen, machen Sie sich den *Synergieeffekt* zunutze. Nehmen Sie ihn sich nicht in einem Vier-Augen-Gespräch zur Brust, denn er könnte alles abstreiten oder er »macht dicht«. So würden Sie das Gegenteil erreichen. Überlassen Sie die Motivation stattdessen der Gruppe.

Das funktioniert so: Loben Sie das Gruppenergebnis. Schaffen Sie neue Anreize durch Herausforderung. Machen Sie transparent, welche Fortschritte bereits erzielt wurden, wie hoch der Grad der Zielerfüllung schon ist. Der Spaß, den die Teamkollegen bei ihrer Arbeit empfinden, wird nicht ohne Wirkung auf den »Zurückhaltenden« sein. Begeisterung ist nämlich ansteckend. Durch diese Maßnahme lässt er sich am ehesten mitreißen.

Begeisterung wirkt ansteckend und motiviert auch lustlose Mitarbeiter

Nutzen Sie den Synergieeffekt des hoch motivierten Teams!

Was ist die Ursache: mangelnde Leistungsbereitschaft, -fähigkeit oder -möglichkeit?

Die Leistung
lässt zu wünschen übrig

Eine weitere Möglichkeit, den Ursachen von Leistungsschwäche auf den Grund zu gehen, hat Sprenger (1992) aufgezeigt. Diese Möglichkeit zur Differenzierung hat mich sehr überzeugt und wurde auch von meinen Seminarteilnehmern mit großer Freude aufgenommen. Die Rückmeldungen aus deren Betrieben lassen auf ein neues Führungsverständnis hoffen.

Sprenger unterscheidet bei Menschen, die nicht die Leistung erbringen, die man ihnen zutraut, zwischen folgenden Kriterien:

▶ Leistungs*bereitschaft*
▶ Leistungs*fähigkeit*
▶ Leistungs*möglichkeit*

Irgendwie hat sich in jede Motivationstheorie der Gedanke eingeschlichen, dass mangelnde Leistung automatisch mit mangelnder *Leistungsbereitschaft* zu tun hat. Es wird unterstellt, dass den Mitarbeitern die Arbeitsmoral fehlt und dass der Mensch von Natur aus faul und träge ist. So braucht nur die »Schraube der Bereitschaft« ein wenig fester angezogen zu werden und schon funktioniert der Mensch wieder im Sinne des Unternehmens. Wirklich? Ist Motivation so einfach?

Untersuchen wir den Bereich *Leistungsfähigkeit*: Sie haben einen Mitarbeiter, der am PC mittelmäßige Arbeit leistet. Haben Sie geprüft, ob seine Fähigkeiten überhaupt ausreichen, um die Anforderungen zu erfüllen, die dieser Posten stellt? Er wird sich nicht die Blöße geben, Unfähigkeit bzw. mangelnde Qualifikation einzugestehen! Die Angst vor Repressalien ist zu ausgeprägt. Oder vielleicht weiß er gar nicht, welche Entfaltungsmöglichkeiten in ihm stecken. Sollten Sie merken, dass er sich permanent überfordert fühlt, dann könnte ein PC-Training schon Wunder wirken. Wenn Sie an ihn glauben und ihm Weiterentwicklung zutrauen, wird er sich gerne den neuen Herausforderungen stellen.

Fortbildungsmaßnahmen helfen oft bei mangelnder Leistungsfähigkeit

Mangelnde *Leistungsmöglichkeit* schlägt dann zu, wenn die Menschen ihre Fähigkeiten aufgrund unzulänglicher Rahmenbedingungen nicht voll entfalten können. Wenn zum Beispiel die Hardware veraltet ist oder aus Gründen der Sparsamkeit die Software nicht verbessert wird, dann sind die fehlenden Möglichkeiten die Verursacher der mittelmäßigen Leistung. Vielleicht wäre eine Power-Point-Präsentation wirkungsvoller und überzeugender als die langweilige »Folienauflegerei«!

Anerkennen, beachten, wahrnehmen – das ist das beste Lob!

5.4 Motivation durch Lob

Da fallen mir gleich eine Menge Assoziationen ein: »Lob spenden«, »Lob und Tadel«, »Lobhudelei«, »Eigenlob stinkt«, »wegloben«, »Wenn ich zu viel lobe, ist sofort eine Gehaltserhöhung fällig« usw.

Klingt alles irgendwie nicht sonderlich positiv. Dabei ist doch bekannt, dass Lob im Übermaß vorhanden ist, es muss nicht »eingekauft« werden, es kostet nichts extra, es soll eine hoch motivierende Wirkung haben.

Schauen wir uns das Loben etwas näher an: Angenommen, Sie würden zu Ihrem nächsthöheren Vorgesetzten gerufen und er begänne die Unterhaltung mit einem Lob wie: »Schön, Frau X, dass Sie morgens immer so pünktlich kommen, aber was mich gravierend stört, ist, dass Sie trotzdem mit Ihrem Bericht nicht fertig werden. Obwohl Sie ja abends oft die Letzte sind, die das Haus verlässt. Zeugt von großem Engagement.« Diese so genannte Sandwich-Technik macht mehr kaputt, als sie Gutes bewirkt: Sie legen den zu kritisierenden Punkt zwischen zwei »Lobe« und hoffen nun, dass die Kritik so leichter zu schlucken ist. Falsch! Sie haben nämlich durch die Kritik die beiden (vorgeschobenen) Lobe degradiert. Außerdem werden Ihre Mitarbeiter bei jedem zukünftigen Lob höchst misstrauisch werden, denn sie warten auf den »Hammer«.

Also wie soll man denn loben? Gar nicht! Taufen Sie »Lob« um in »Anerkennung« oder in »Beachten«, »Wahrnehmen«. Schaffen Sie eine Kultur, in der Transparenz herrscht. So können Sie offen äußern, wenn sich Ihre »Crew« weit vom Ziel entfernt hat, und Sie können gute Leistungen gleichzeitig anerkennen, Sie brauchen mit Ihrer Meinung nicht hinterm Berg zu halten.

Wenig hilfreich: die »Sandwich-Taktik«, sprich Kritik wird ummäntelt mit Lob

Wichtig: eine Begründung, warum gerade diese Leistung herausragend ist …

> Eine klare Standortbestimmung der Team-Leistung funktioniert nur mit Offenheit. Dabei gute Leistungen zu ignorieren ist der größte Motivationskiller der neuzeitlichen Führung.

Wenn Sie Leistung anerkennen, dann begründen Sie bitte, warum Sie gerade dies und nicht etwas anderes besonders herausragend finden. Eventuell steht gerade das, was Sie gut finden, in der Werteskala Ihres Mitarbeiters ganz unten. Wenn Sie nur mit einem allgemeinen, unbegründeten Lob auf ihn zugegangen wären, hätten Sie sich unglaubwürdig gemacht.

In diesem Zusammenhang fällt mir ein Teilnehmer meines Rhetorik-Seminars ein. Er war Schweizer und ich erwähnte lobend seine »deutliche Aussprache« sowie seine sympathische Klangfärbung. Er selbst konnte aber sein »Schwizerdytsch« nicht ausstehen, somit war das Lob in seinen Augen völlig unverständlich und wertlos. Daher musste ich exakt belegen, was so angenehm auf mich gewirkt hatte. Danach war seine Welt soweit in Ordnung (obwohl eine gewisse Skepsis blieb).

… denn die Werteskala eines jeden Menschen ist unterschiedlich

Es gibt ein schwäbisches Sprichwort, das enorme Aussagekraft besitzt: »Nix g'sagt isch g'nug g'lobt.« Soll heißen: Solange der Vorgesetzte schweigt, ist alles in Ordnung. Welch Gnade!

Erfolgsrezept Motivation

So fördern Sie die Motivation Ihrer Mitarbeiter

Im Folgenden sind die Kernprobleme auf den Punkt gebracht. Entscheiden Sie, wo Sie aktiv werden müssen, und setzen Sie die vorgeschlagenen Maßnahmen um.

1.   Seit einiger Zeit ziehen Ihre Mitarbeiter nicht mehr richtig mit, Erfolge bleiben auf der Strecke. Sie stellen einen kleinen Extrabonus für gute Leistung in Aussicht. Doch was tut sich? Nichts!

Stehen Sie vor diesem Problem?

☐ Nein

☐ Ja, folgender Anreiz hat nichts gebracht:

_____

_____

Vorschläge zur Lösung des Problems:

Siehe dazu:

▶ Zunächst: sich intensiv mit den Unterschieden zwischen extrinsischer und intrinsischer Motivation beschäftigen

▶ Seite 126 – 130

▶ Sich die verschiedenen Aspekte von »Leistung« vergegenwärtigen (Leistungsbereitschaft, -fähigkeit, -möglichkeit)

▶ Seite 138 – 139

▶ Teilleistungen der Mitarbeiter verstärkt würdigen und verbal anerkennen (Feedback intensivieren)

▶ Anreize durch neue Aufgaben/Herausforderungen schaffen

▶ Seite 137

Beginn der Maßnahmen: ab sofort

Erfolgskontrolle: nach 6 Wochen

Ergebnis: _____

Mögliche Maßnahmen bei anfänglichem Misserfolg:

Seite 81 – 84, ▶ Mit dem Team per Brainstorming-Methode (Metaplan)
130 – 131 Ist-Analyse durchführen und Lösungsvorschläge erarbeiten

▶ Gemeinsam mit Geschäftsleitung und/oder Betriebsrat überlegen, ob fürs Gesamtbetriebsklima etwas getan werden muss

Seite 204 ▶ Weiterführende Fachliteratur lesen zum Thema Motivation.
Mein Buchtipp: G. Hagemann, 1990

▶ An Schulungen zum Thema Motivation teilnehmen.
(Um den für Sie richtigen Trainer zu finden, wenden Sie sich
am besten an Ihre Personalabteilung oder fragen nach
anderweitigen Empfehlungen.)

2.   Eigentlich läuft alles bestens. Ihr Team ist hoch motiviert und
bringt folglich gute Leistungen. Lediglich ein Mitarbeiter macht
Ihnen Sorgen: Sie befürchten, dass er durch seine offensichtliche
Lustlosigkeit die gesamte Gruppe demotivieren könnte.

Haben Sie einen solchen Mitarbeiter im Team?

Nein

Ja, und zwar

_____

_____

Vorschläge zur Lösung des Problems:

▶ Nicht sofort eingreifen, sondern zunächst der »Gruppendynamik« vertrauen

▶ Seite 137

▶ Den Mitarbeiter verstärkt in die Abteilungsprozesse einbinden und ihm deutlicher den Sinn seines Tuns vermitteln

▶ Gegebenenfalls die motivierten Mitarbeiter auffordern den Kollegen verstärkt in die Teamaufgaben einzubeziehen

Beginn der Maßnahmen: Maßnahme 2 ab sofort, Maßnahme 3 nach 4 Wochen des Abwartens

Erfolgskontrolle: nach 8 Wochen

Ergebnis: _____

Mögliche Maßnahmen bei anfänglichem Misserfolg:

▶ Dem Mitarbeiter eine interessante neue Aufgabe zuweisen

▶ Mögliche Ursachen der mangelnden Leistung in einem Gespräch ermitteln, wie private Gründe, Überforderung (fehlende Qualifikation), Unterforderung etc., und gemeinsam nach Lösungen suchen; dabei die Mittel partnerbezogener Gesprächsführung einsetzen

▶ Seite 138 – 139, 191

▶ Weiterführende Fachliteratur lesen zum Thema Motivation

▶ Seite 204

▶ An Schulungen zum Thema Motivation teilnehmen. Tipp: Das Seminar sollte vor allem den Aspekt »Motivationstraining« behandeln. (Um den für Sie richtigen Trainer zu finden, wenden Sie sich am besten an Ihre Personalabteilung oder fragen nach anderweitigen Empfehlungen.)

▶ Gegebenenfalls gemeinsam mit der Personalabteilung über Versetzung des Mitarbeiters nachdenken

3. Seit ein, zwei Wochen merken Sie, dass es in der ansonsten hoch motivierten Abteilung brodelt. Als »Unruheherd« können Sie einen bestimmten Mitarbeiter ausmachen. Zumal er auch Ihnen gegenüber ein etwas ungebührliches Verhalten an den Tag legt. Sie haben Angst, dass dieser Mitarbeiter die anderen demotivieren könnte, und fragen sich, wie Sie diesen Fall von Querulanz »handeln« sollen.

Stehen Sie vor diesem Problem?

◻ Nein

◻ Ja, folgender Mitarbeiter agiert als Querulant:

_____

_____

Vorschläge zur Lösung des Problems:

Seite 136 – 137 ◄ ▶ Nicht sofort eingreifen, sondern – bei einer vermuteten kurzfristigen Störung – zunächst der »Gruppendynamik« vertrauen

▶ Den Mitarbeiter verstärkt in die Abteilungsprozesse mit einbeziehen, häufiger das Gespräch mit ihm suchen

Seite 137 ◄ ▶ Dem »Querulanten« eine interessante und verantwortungsvolle neue Aufgabe zuweisen

Beginn der Maßnahmen: Maßnahmen 1 und 2 ab sofort, Maßnahmen 3 und 4 nach 4 Wochen

Erfolgskontrolle: nach 8 Wochen

Ergebnis: _____

Mögliche Maßnahmen bei anfänglichem Misserfolg:

▶ Mögliche Ursachen der Störung in einem Gespräch ermitteln
und gemeinsam nach Lösungen suchen; dabei die Mittel partnerbezogener Gesprächsführung und fairer Kritik einsetzen

▶Seite 90 – 98, 113

▶ Weiterführende Fachliteratur lesen zum Thema Motivation.
Mein Buchtipp: R. K. Sprenger, 1992

▶ Seite 204

▶ An Schulungen zum Thema Motivation teilnehmen. (Um den
für Sie richtigen Trainer zu finden, wenden Sie sich am besten
an Ihre Personalabteilung oder fragen nach anderweitigen
Empfehlungen.)

▶ Gegebenenfalls gemeinsam mit der Personalabteilung über
Versetzung des Mitarbeiters nachdenken

*Wenn Sie diese Probleme erfolgreich bewältigt haben, können Sie
entweder direkt zu Kapitel 6 übergehen oder Sie blättern zurück
zur »Situationsanalyse« und beschäftigen sich dort mit Punkt 6.*

6

Auch Delegieren will gelernt sein

Ziel des Kapitels: Sie erarbeiten die Grundlagen effizienten, erfolgreichen Delegierens

Gerade wenn Sie unter anderem durch Ihren Fleiß oder Ihre Akribie in die nächsthöhere Position aufgestiegen sind, fällt es Ihnen vermutlich besonders schwer, sich von Aufgaben zu trennen. Oft handelt es sich um Dinge, die Ihnen sehr am Herzen liegen oder die Sie besonders gut können. Vielleicht hat ja jemand einen Draht zu Petrus und der könnte die Tage von 24 auf mindestens 28 Stunden verlängern? Dann können Sie alles schaffen – ohne zu delegieren ...

6.1 Welche Aufgaben lassen sich delegieren?

Sie haben Führungsverantwortung hinzugewonnen. Ihr Aufgabenbereich hat sich verlagert: Ihre Tätigkeit besteht nun zu 40 Prozent aus Fachlichem und zu 60 Prozent aus »menschlichen Dingen«. In meinen Seminaren erfahre ich immer wieder, wie schwer es »jungen« Führungskräften fällt, sich von den bislang gewohnten fachlichen Aufgaben zu lösen. Doch spätestens dann, wenn der Tag schon lange nicht mehr ausreicht, die Familie murrt, Ihre Kinder Sie nicht mehr kennen, ist es Zeit, sich mit der Kunst *effizienten Delegierens* zu befassen. Denn: Es ist nicht mehr Ihre Aufgabe, selbst Ihr bester Sachbearbeiter zu sein.

Bitte geben Sie Verantwortung an Ihre Mitarbeiter ab!

Wer in Routine-
aufgaben
ertrinkt, dem
fehlt die Zeit
für kreative
Prozesse

E X P E R T E N T I P P

Führen heißt, Tätigkeiten auch auf andere zu übertragen und diese Aufgabe führend zu steuern.

Wem das nicht gelingt, der ertrinkt buchstäblich in Arbeit. Er ist mit Arbeit so »zu«, dass die Gefahr besteht, Wesentliches nicht mehr von Unwesentlichem unterscheiden zu können. Jeder, der sich zu viel Aufgaben aufhalst, läuft Gefahr, für kreative Prozesse keine Zeit mehr zu haben. Mitarbeiter, in erster Linie Führungskräfte, werden nicht daran gemessen, wie gut sie Routinearbeiten bewältigen, sondern an ihren Fähigkeiten, neue Ideen einzubringen.

▶ **Ü B U N G**

Delegieren

Welche Aufgaben lassen sich Ihrer Meinung nach *grundsätzlich* delegieren, welche nicht?
Bitte kreuzen Sie das entsprechende Kästchen an:

		ja	nein
1	Prioritäten setzen		
2	Routinearbeiten erledigen; standardisierte Aufgaben, die nicht neu überdacht, aber täglich erledigt werden müssen		
3	An Konferenzen und Besprechungen teilnehmen		
4	Repräsentieren bei feierlichen und wichtigen Anlässen		
5	Vorsorge treffen für den Krisenfall		
	▶ Statements für die Öffentlichkeit		
	▶ Richtlinien schaffen für den Krisenfall etc.		

Sie werden
(auch) an Ihrer
Fähigkeit gemes-
sen, neue Ideen
einzubringen

6	Besonders zeitraubende Aufgaben erledigen
7	Des Chefs Lieblingsaufgabe
8	Strategie- und Zielverantwortung
9	Informationen erhalten durch Kundenkontakt
10	Aufgaben, die Betriebsgeheimnisse betreffen
11	Nicht alltägliche Personalangelegenheiten

Lösung

1	Prioritäten setzen:	**Nein**. Denn nur Sie kennen die Internas.
2	Routinearbeiten:	**Ja**. Was für Sie langweilig ist, kann für den Mitarbeiter eine Herausforderung sein.
3	An Konferenzen und Besprechungen teilnehmen:	**Ja**. 1. Weil Ihr Mitarbeiter tiefer in der Thematik steckt. 2. Mehr Menschen informiert sind. 3. Ihr Schreibtisch sonst bald überläuft. 4. Sie zu wenig am Arbeitsplatz sind
4	Repräsentieren:	**Nein**. Weil es oft wichtiger ist, *wer* spricht, (als das Gesagte selbst)
5	Krisenfall:	**Nein**. Das Krisenmanagement ist Ihre Aufgabe. Der Chef selbst muss die »Löscharbeiten« machen.
6	Zeitraubende Aufgaben:	**Ja**. Was für den Chef zeitraubende Routineaufgaben sind, kann für den Mitarbeiter, der die Aufgabe zum ersten Mal macht, eine echte Herausforderung sein.
7	Ihre Lieblingsaufgabe:	**Ja**. Denn eine Führungskraft soll führen und nicht sein bester Sachbearbeiter sein.
8	Strategie- und Zielverantwortung:	**Nein**. Führen heißt, die Mitarbeiter von der Richtigkeit des Weges zu überzeugen.

9	Kundenkontakt und Information:	**Ja.** Die Mitarbeiter, die sowieso täglich Kundenkontakte haben, können auch die Aufgabe übernehmen, den Kunden über Produkte und Dienstleistungen des Unternehmens zu informieren. Kundenwünsche und deren Bedürfnisse wiederum können an den Vorgesetzten weitergeleitet werden, damit er dadurch immer das Ohr am Puls des Kunden hat.
10	Betriebsgeheimnisse:	**Nein.** Denn es gibt nur einen kleinen Kreis Eingeweihter. Allerdings soll und kann bei Firmenpolitik, Kultur und Zielstrategien große Offenheit herrschen.
11	Personalangelegenheiten:	**Nein.** Zum Beispiel Einstellen von Mitarbeitern oder Disziplinarverfahren etc. können nicht übertragen werden.

Als Einstieg geeignet: kleinschrittig und kontrolliert an bewährte Mitarbeiter delegieren

6.2 Die besten Tipps für Delegationseinsteiger

Nichts ist menschlicher, als den Sprung von der Theorie in die Praxis zu vermeiden. Damit Sie den Sprung schaffen, hier das nötige »Delegations-Knowhow«:

▶ Suchen Sie sich für den Einstieg zum Delegieren Mitarbeiter aus, von denen Sie gute Ergebnisse erwarten.

▶ Bei den übrigen Mitarbeitern gehen Sie zunächst kalkulierbare Wagnisse ein und delegieren testweise. Vielleicht kristallisiert sich dadurch ein fähiger Mitarbeiter heraus, der nur auf eine solche Herausforderung gewartet hat.

▶ Delegieren Sie anfangs mit Bedacht (was Sie ohnehin tun werden) und wählen Sie solche Tätigkeiten aus, bei denen das Risiko des Scheiterns relativ gering ist.

Vertrauen Sie darauf: Viele Ihrer Mitarbeiter warten auf solch neue Herausforderungen

Wer nicht loslassen kann, der hat dafür schnell Ausreden parat

▶ Grenzen Sie den Spielraum klar ein und geben Sie klare Ziele vor.

▶ Wählen Sie Ihre Mitarbeiter nicht nach dem Motto aus: Nur wer mir fachlich unterlegen ist, kommt in mein Team. Denn wer immer nur Angst davor hat, von seinen Mitarbeitern überflügelt zu werden, wird mit einem »schwachen« Team im Konkurrenzkampf um die Karriereleiter unterliegen.

▶ Geben Sie Ihr Fachwissen weiter, dadurch lassen sich Aufgaben besser und optimaler ausführen.

▶ Lassen Sie sich über Zwischenergebnisse informieren.

▶ »Delegieren« heißt auch »Kontrollieren« – aber im besten Sinne!

6.3 Sechs Ausreden, nicht zu delegieren

Loslassen, Dinge aus der Hand geben, das muss man als frisch gebackener Chef erst mühsam lernen. Was liegt da näher, als gute Gründe dafür zu (er)finden, nicht delegieren zu müssen? (Nach: Hagemann, 1990, Seite 168 ff.)

1. Die Mitarbeiter sind ohnehin schon mehr als ausgelastet

Ihre Mitarbeiter sind ausgelastet oder gar überlastet? Dann heißt es gründlich aufzuräumen!

»Ich kann ihnen nicht noch mehr aufhalsen«, »Teilweise sind die Mitarbeiter so im Stress, dass ich die Arbeit lieber selber mache«, »Bei uns wird der Druck von Tag zu Tag größer, die Mitarbeiter können nicht noch mehr Überstunden machen«. Durch solche Einschätzungen entsteht ein Teufelskreis, aus dem Sie nicht herausfinden, wenn Sie diese »Ausrede« nicht unter die Lupe nehmen. Möchten Ihre Mitarbeiter wirklich Ihre Fürsorge? Wie gut ist Ihre Planung? Oder könnten Ihre Mitarbeiter sich selbst besser organisieren? Wo steckt zeitraubende Arbeitsroutine? Eventuell ist es jetzt an der Zeit, um gründlich »aufzuräumen«.

2. Die Mitarbeiter sind dieser Aufgabe nicht gewachsen

Auch hier verbirgt sich wieder ein Teufelskreis. Der Chef muss mehr erledigen, weil die Mitarbeiter nicht fähig genug sind. Dadurch hat er keine Zeit, ihnen das notwendige Rüstzeug zu vermitteln. Er ist überlastet, weil er nicht delegiert.

Auch hier können neue Herausforderungen Wunder wirken. Vielleicht denken Ihre Mitarbeiter, dass sie nicht mehr leisten können, weil sie im »Gewohnheitsgleis« stecken und alles, was darüber hinaus geleistet werden soll, als »bedrückend« gewertet wird. Höchste Zeit, frischen Wind in den alten »Gewöhnungsmief« zu blasen« Und zwar durch Training on the Job, Weiterbildung etc. Auch hier sind »Aufräumarbeiten« dringend notwendig. Lassen Sie Ihre Mitarbeiter selbst mit entscheiden, wie sie ihre Aufgaben bewältigen könnten. Rechnen Sie damit, dass Sie zunächst Zeit investieren müssen, um Ihre »Crew« auf den neuesten Stand zu bringen. Aber: Dieses Ziel zu erreichen lohnt!

> Vertrauen in die Fähigkeiten der Mitarbeiter ist Grundvoraussetzung für gelungene Delegation

3. Die Mitarbeiter haben kein Interesse

Vielleicht wurden die »Daumenschrauben« schon zu oft an der vermeintlich mangelnden Leistungsbereitschaft angesetzt? Vielleicht mangelte es aber an der Leistungsmöglichkeit oder der Leistungsfähigkeit (fachliches Wissen)? Diese permanente Demotivation erzeugt Frust und tötet das Selbstvertrauen. Weiterhin entstehen Angst vor Kritik, Angst vorm Versagen. Daraus resultiert die »Null-Bock-Einstellung«. Gehen Sie der Sache auf den Grund und denken Sie daran: Jeder Mensch möchte zu den Gewinnern zählen. Das ist der Ursprung der intrinsischen Motivation.

4. Ich habe zu wenig Vollmachten

Dann wird es höchste Zeit, dass Sie klären, wer welche Verantwortung für was trägt. Wer kann was unterschreiben? Wer ist zum Beispiel für die Urlaubsplanung zuständig, Sie oder Ihr Vorgesetzter? Wer darf mit Kunden verhandeln? Wer kann an welchen Besprechungen und Meetings teilnehmen?

> Seien Sie versichert: In manchem Mitarbeiter steckt viel mehr, als Sie vermuten!

5. Ich habe keine Zeit zum Erklären

»Es geht schneller, wenn ich es selbst mache«, »Die endlosen Erklärun- gen stehlen mir noch mehr Zeit, dann kann ich es gleich selbst machen«. Vielleicht sind Sie kein Organisationstalent? Wo sind die Zeitfresser? Verantwortungsbereiche klären!

6. Ich mache es am besten selbst

Das kann teilweise stimmen, teilweise auch nicht. Klar traut Ihnen je- der zu, dass Sie das eine oder andere besser können als andere. Sonst wären Sie ja nicht auf diesem Posten. Nur: Was möchten Sie damit be- weisen? Die »Ich-mache-es-am-besten-selbst«-Aussage kann zu fol- genden Interpretationen Ihres Verhaltens führen:

▶ Sie wollen Ihren Machtanspruch beweisen/ausleben.
▶ Sie haben mangelndes Vertrauen in Ihre Mitarbeiter.
▶ Sie haben Angst vor Kontrollverlust.
▶ Sie können/wollen Ihre Lieblingsaufgabe nicht hergeben.

Finden Sie das auf Sie Zutreffende heraus und arbeiten Sie daran!

6.4 Die Vorteile des Delegierens

Vorteile für den Chef

▶ *Zeitgewinn:* Sie können sich den Aufgaben widmen, die Sie als Führungskraft auszuüben haben.
▶ Sie können das *Spezialwissen* Ihrer Mitarbeiter nutzen.
▶ Sie treffen keine einsamen Entscheidungen, sondern können das *Für und Wider* einer Tätigkeit gemeinsam mit Ihren Mitarbeitern abwägen.
▶ Das Delegieren bringt mehr *Transparenz* in Ihre eigene Tätigkeit.
▶ Es entwickelt sich unter Ihrer Führung allmählich ein gutes und er- folgreiches Team.
▶ Es entsteht ein Klima *der Offenheit*.

Vorteile für den Mitarbeiter

1. Der Mitarbeiter bekommt eine größere *Herausforderung* und fühlt sich dadurch aufgewertet.
2. Delegieren erhöht seine *Motivation*.
3. Delegieren führt zu mehr *Selbstständigkeit* des Mitarbeiters.
4. Der Mitarbeiter ist über mehr Dinge informiert und das erhöht die »*Sinngebung*«.
5. Es herrscht ein besserer *Informationsfluss* und *Kritik* oder Bedenken können leichter und unkomplizierter (von unten nach oben) geäußert werden.
6. Der Mitarbeiter ist an den *Erfolgen* der Abteilung *direkt beteiligt*.

Vorteile für die Mitarbeiter: Motivationsschub, erhöhte Sinngebung, Beteiligung am Erfolg

AKTIONSPLAN

Auch Delegieren will gelernt sein

So gelingt effizientes Delegieren

Im Folgenden sind die Kernprobleme auf den Punkt gebracht. Entscheiden Sie, wo Sie aktiv werden müssen, und setzen Sie die vorgeschlagenen Maßnahmen um.

1. Sie wissen, wie wichtig es ist, Aufgaben zu delegieren, um nicht irgendwann in Arbeit zu ertrinken. Doch als »Delegationseinsteiger« befürchten Sie, dass Ihnen die Dinge entgleiten könnten, wenn Sie »falsch« delegieren.

Befinden Sie sich in dieser Lage?

Nein

Ja, ich habe Angst mich von folgenden Aufgaben zu trennen:

_____

_____

Siehe dazu:

Seite 147 – 149 ◀

Vorschläge zur Lösung des Problems:

▶ Unterscheiden lernen, welche Aufgaben sich überhaupt delegieren lassen

Seite 149 – 150 ◀

▶ Die »Tipps für Delegationseinsteiger« verinnerlichen und gezielt umsetzen

Beginn der Maßnahmen: binnen 2 Wochen

Erfolgskontrolle: nach 6 Wochen

Ergebnis: _____

Mögliche Maßnahmen bei anfänglichem Misserfolg:

▶ Eine Weile »Tagebuch« führen und anschließend Plan erstellen: vorkommende Aufgaben auflisten; deren Häufigkeit, Wichtigkeit, Dringlichkeit ermitteln; wer kann übernehmen?; Erfolgskontrollen wann? etc.

▶ Den nächsthöheren Vorgesetzten um Rat angehen

▶ Weiterführende Fachliteratur lesen zum Thema Delegation. ▶Seite 204
  Mein Buchtipp: G. Hagemann, 1990

▶ An Schulungen zum Thema Delegation teilnehmen.
  (Um den für Sie richtigen Trainer zu finden, wenden Sie sich am besten an Ihre Personalabteilung oder fragen nach anderweitigen Empfehlungen.)

2. Es herrscht Land unter, Sie ertrinken in Arbeit. Sie gehen auf dem Zahnfleisch, Familie und Freunde murren bereits. Eigentlich müssten Sie dringend etwas ändern. Doch Sie sind felsenfest davon überzeugt, dass eben nur Sie all den Aufgaben gerecht werden können.

Befinden Sie sich in diesem Dilemma?

☐ Nein

☐ Ja, von folgenden Aufgaben kann ich mich nicht trennen:

_____

_____

Vorschläge zur Lösung des Problems:

▶ Zunächst: sich darüber klar werden, warum genau man lieber ▶Seite 150 – 152
  alles selbst macht

Seite 152 – 153 ◀   ▶   Sich die Vorteile des Delegierens bewusst machen

Seite 149 – 150 ◀   ▶   Den Mitarbeitern (stärker) vertrauen lernen: zunächst einzelne (Teil-)Aufgaben bestimmten Mitarbeitern übertragen und Umsetzung/Erfolg regelmäßig kontrollieren

Beginn der Maßnahmen: ab sofort

Erfolgskontrolle: nach 6 Wochen

Ergebnis: _____

Mögliche Maßnahmen bei anfänglichem Misserfolg:

▶   Eine Weile »Tagebuch« führen und anschließend Plan erstellen: vorkommende Aufgaben auflisten; deren Häufigkeit, Wichtigkeit, Dringlichkeit ermitteln; wer kann übernehmen?; Erfolgskontrollen wann? etc.

▶   Problem mit dem nächsthöheren Vorgesetzten erörtern

Seite 204 ◀   ▶   Weiterführende Fachliteratur lesen zum Thema Delegation. Mein Buchtipp: G. Hagemann, 1990

▶   Schulungen zum Thema Zeitmanagement etc. besuchen. Tipp: Das Seminar sollte vor allem den Aspekt »Delegation« behandeln. (Um den für Sie richtigen Trainer zu finden, wenden Sie sich am besten an Ihre Personalabteilung oder fragen nach anderweitigen Empfehlungen.)

Wenn Sie diese Probleme erfolgreich bewältigt haben, können Sie entweder direkt zu Kapitel 7 übergehen oder Sie blättern zurück zur »Situationsanalyse« und beschäftigen sich dort mit Punkt 7.

Selbstwertgefühl, Ängste & Co.

Jeder Mensch, ob jung oder alt, hat Prägungen, die er auf Teufel komm raus verteidigt! Prägungen können sein: Ordnungsliebe, Pünktlichkeit, Sauberkeit usw. Begegnet er nun anderen Menschen mit anderen Prägungen wie Unordnung oder der »akademischen Viertelstunde« (soll heißen: eine Viertelstunde zu spät kommen ist salonfähig), dann prallen unterschiedliche Bedürfnisse aufeinander und Konflikte sind programmiert. Wie ein besserer Umgang mit allgegenwärtigen Ängsten und kollidierenden Bedürfnissen möglich ist, lernen Sie in diesem Kapitel.

Ziel des Kapitels: Sie lernen mit den häufigsten Ängsten Ihrer Mitarbeiter besser umzugehen

7.1 Geprägt fürs Leben

Wenn wir auf die Welt kommen, haben wir nur eine Chance, auf uns aufmerksam zu machen: durch Brüllen! Haben wir Hunger oder Schmerzen, ist die Windel nass, dann schreien wir und in den meisten Fällen kommt die liebe Mama herbeigeeilt und stillt unser Bedürfnis – im wahrsten Sinne des Wortes.

So erhalten wir die Sicherheit, die wir zum Überleben brauchen: »Ich kann mich auf die Welt verlassen.« Dabei reift unsere kleine Persönlichkeit heran, wir begeben uns auf Entdeckungstour der materiellen Welt. Damit einher geht die geistig-seelische Entwicklung und unser einstmals kleines ängstliches Ich entfaltet sich zu einem sicheren Ich.

Dieser *Reifeprozess* ist durchsetzt mit *Vorschriften* und *Verhaltensregeln*, die es uns leichter machen sollen, uns im Leben und in der Welt

Frühkindliche Erfahrungen wirken manchmal lange fort

Prägungen
durch unser Um-
feld beeinflussen
unsere Sicht-
weise von der
Welt

zurechtzufinden. Natürlich sind es die »Programme« der Eltern, der Lehrer, unserer Kultur, die uns prägen. Oft ein ganzes Leben lang.

Fragen Sie einen Ausländer, wie die Deutschen im Ausland gesehen werden, so hören Sie immer wieder: Sie sind pünktlich, ordentlich, zuverlässig, humorlos, fleißig, arrogant. Alles Tugenden, die aus unserer *Kultur* stammen. Italiener besitzen in unseren Augen wieder andere Verhaltensweisen: Sie sind laut (temperamentvoll), sie gestikulieren wilder als wir, sie sind unzuverlässig (wer schon einmal mit einer Jacht in Italien Hilfe brauchte, weiß, was er von den Versprechungen, sofort zu kommen, halten kann!). Dafür gelten sie als Lebenskünstler, nehmen das Leben leichter und so fort.

Dann gibt es noch *Familienkulturen* innerhalb Deutschlands, die sich stark voneinander unterscheiden (trotz aller gemeinsamen deutschen Tugenden).

FALLBEISPIEL

Stellen Sie sich vor, Sie sind zwölf Jahre alt und bei der Familie Ihres besten Freundes zum Essen eingeladen. Ihnen fällt ein Stück Fleisch von der Gabel und versaut gründlich die Tischdecke. »Scheiße!«, sagen Sie erschreckt und entschuldigen sich höflich für das Missgeschick. Etwas säuerlich wird Ihnen vergeben und Sie denken, der Unmut sei auf den Fleck auf der Tischdecke zurückzuführen. Mitnichten! Der Fleck verschwindet in der Waschmaschine von selbst. Das Wort »Scheiße« gab Anlass zu Unmut. Was bei Ihnen zu Hause gang und gäbe ist, ist bei Freunden ein Tabu.

Ein weiteres Beispiel:

Ihnen wurde beigebracht, innerhalb des »akademischen Viertelstündchens« zu erscheinen, also so gut wie pünktlich zu sein. Jetzt haben Sie einen Chef, in dessen Familie hieß »pünktlich sein« mindestens fünf Minuten früher da zu sein.

Jetzt ist für 9 Uhr eine Sitzung anberaumt, Sie kommen so gegen 9 Uhr 15, während er schon seit fünf Minuten vor 9 da ist. Eine Differenz von 20 Minuten! Und jeder fühlt sich im Recht, weil »auf seiner Insel« Pünktlichkeit unterschiedliche Wertungen hat.

Was verstehen
Sie unter Pünkt-
lichkeit?

Naturgemäß glauben wir, der jeweils andere wäre im Unrecht. Der »Unpünktliche« empfindet den »Überpünktlichen« als einen »Erbsenzähler«. Der »Pünktliche« betrachtet es als Missachtung seiner Person, dass der »Unpünktliche« 20 Minuten zu spät kommt, und wird ihn das bei der nächsten Idee, die der Zuspätkommer einbringt, spüren lassen: »Der soll erst mal lernen, pünktlich zu kommen, dann können wir uns mit seinen Ideen näher befassen.«

Wenn zwei unterschiedliche »Programme« aufeinanderprallen, sind Konflikte programmiert

Jeder lebt auf seiner Insel

Da wir durch unser direktes Umfeld geprägt und »Programme« in uns verankert wurden, denen wir dann ein Leben lang folgen (oder die wir wieder los zu werden trachten), teilt sich unsere Welt in »*richtig*« und »*falsch*« ein. »*Wer schreit, hat Unrecht*« oder »*Wer sich verteidigt, klagt sich an*«. Hinzu kommen noch *religiöse Werte*, *moralische Werte* etc.

Vera Birkenbihl vergleicht unser jeweiliges Dasein mit einer Insel, auf der wir unsere Werte lernen und leben. Alle Menschen, die auf einer anderen Insel leben und mit anderen Programmen ausgestattet sind, erscheinen uns höchst suspekt. Das oft geschmähte Nomadenleben der Zigeuner ist ein gutes Beispiel dafür, wie wenig die Nichtsesshaften in unser Weltbild passen. Dann lassen die sich auch noch auf den Rasenflächen in unserem Stadtpark nieder, wo überall deutlich zu lesen steht: »Rasen betreten verboten.« Da stößt Toleranz schnell auf Grenzen. Sie fragen sich jetzt bestimmt: Was haben die Zigeuner mit den Menschen in unserem Unternehmen zu tun?

Auch hier gibt es »Inselhocker«. Die einen sind so erzogen worden, dass sie vor einer Autorität kuschen, die anderen merken gar nicht, dass es sich um eine solche handelt. Die einen können nur an einem aufgeräumten Schreibtisch arbeiten, die anderen macht das wilde Chaos glücklich. »Dass man an so einem schlampigen Schreibtisch überhaupt arbeiten kann!« Hier wird sofort bewertet und natürlich hat der Ordentliche vermeintlich die besseren Karten! Dazu passt ein bekannter Werbeslogan: »Was für den einen die größte Praline der Welt ist, ist für den anderen Duplo.«

Fremde »Inseln« erscheinen uns oft höchst suspekt, denn die Bewohner sind anders als wir

Unbekanntes verursacht Angst und in der Folge oft Ablehnung

Allgemein gesagt: Wir gehen mit ganz bestimmten Erwartungen in die Welt hinaus. Erwartungen, die unser Inseldasein geprägt haben. Anderes Verhalten passt nicht in unser »Programm«.

Jede Abweichung von unserer Erwartung wird als Bedrohung aufgefasst. Es entsteht Angst (vor dem Unbekannten) und dadurch Ablehnung. Wir haben Recht und der andere hat natürlich Unrecht. So einfach ist das.

Jetzt ahnen Sie schon, weshalb es so schwierig ist, Veränderungen durchzusetzen! Veränderungen bedeuten meist auch Abweichungen vom Altbekannten. Und die werden ebenfalls als Bedrohung aufgefasst, es entsteht Angst (vorm Versagen, nicht mehr mithalten zu können, vom Jüngeren überrundet zu werden).

Die Brücke zur Sichtweise des anderen

Jede einzelne Insel ist durchsetzt mit persönlichen Programmen wie

▶ Pünktlichkeit
▶ Ordnungsliebe
▶ Sauberkeit
▶ Korrektheit
▶ Kulturnormen (»Das tut man nicht!«)
▶ Religiösen Werten

Der erste Schritt: akzeptieren, dass Ihre Inselmeinung nicht die einzig wahre ist

Was können Sie tun, um diese »Inselfestungen« zu durchbrechen? Verschanzen Sie sich nicht hinter Ihrer persönlichen Meinung, tun Sie nicht so, als sei die Meinung von Ihrer Insel die einzig wahre. Das denken nämlich alle – und das führt zu diesen oft gravierenden Missverständnissen, mit denen Sie sich tagtäglich herumschlagen müssen. Bauen Sie eine Brücke zur Insel des Kollegen, Mitarbeiters, Chefs, damit sich durch diese Horizonterweiterung mehr Verständnis und Akzeptanz breit machen.

Ein kluger Schachzug ist zweifellos der, die »Grundfläche« Ihrer Insel generell zu erweitern: durch Weiterbildung, Lesen, Reisen, mit Menschen sprechen, die Sie sonst ablehnen, durch Schauen von Sendungen, die Sie früher nicht interessiert haben, usw. Je größer Ihre persönliche Insel nämlich ist, umso mehr Berührungspunkte und sogar Überschneidungen hat sie zwangsweise mit anderen Inseln. Damit ist Ihnen bald nichts mehr fremd und Sie haben mehr Verständnis für andere – ohne sich aufzuopfern! Und das wiederum fördert natürliche Autorität und prägt Ihre Persönlichkeit.

Hilfreich: eine »Brücke« bauen zur »Insel« = Sichtweise) des anderen

7.2 Ängste am Arbeitsplatz

»Ein Indianer kennt keinen Schmerz«, »Ein Junge weint nicht«, »Angst ist ein schlechter Ratgeber«. Solche oder ähnliche Werte sind vielen Männern (von der 13. Fee?) in die Wiege gelegt worden.

Bei Umfragen in meinen Seminaren höre ich häufig: »Angst, was ist das?«, »Wovor sollte ich Angst haben?« Gute Frage. Ob Angst nur für »Weichlinge« reserviert ist? Oder für Frauen? Oder vielleicht ist das gar ein und dasselbe?

Der Kostenfaktor Angst

In ihrem Buch »Kostenfaktor Angst« (1996, Seite 175 ff.) schildern Panse und Stegmann sehr eindrucksvoll, was Ängste jährlich die deutsche Wirtschaft kosten: über 100 Milliarden DM.

Panse und Stegmann haben sich die Mühe gemacht, diese Kosten etwas zu differenzieren:

Ängste werden gern verdrängt, doch ihre Existenz lässt sich anhand der Auswirkungen beweisen

> **WISSENSWERT**
>
> 40 Milliarden DM werden durch angstbedingten Alkoholmissbrauch »verbraten«. Um Druck abzubauen oder sich für ein unangenehmes Gespräch Mut anzutrinken, wird zur Flasche gegriffen.

Die Folgen von Mitarbeiterängsten verschlingen jährlich Milliardenbeträge

Beim Autofahren wurde die Promillegrenze – mit gutem Grund – auf 0,5 ‰ gesenkt, um alkoholbedingte Unfälle einzuschränken. Es besteht überhaupt kein Zweifel mehr darüber, dass Alkohol die Konzentrationsfähigkeit einschränkt, zu Überschätzungen führt und die Reaktionsdauer verzögert. Wenn dies zu Einschränkungen beim Autofahren führt: Wieso wird Alkoholkonsum am Arbeitsplatz dann nicht ernst genommen?

Dieselben eingeschränkten Reaktionen, die hinterm Steuer zu beobachten sind, finden Sie auch am Arbeitsplatz wieder. Manager treffen mit einem Blutalkoholpegel (manchmal weit über 0,8 ‰) weit reichende Entscheidungen. Menschen, die an Maschinen hohe Verantwortung haben, können durch mangelhafte Konzentration Unsummen in den Sand setzen: Schäden durch falsche Bedienung, Materialfehler, Ausfallkosten der Maschine etc. Ich kenne viele Manager, die pro Abend vier bis fünf Gläser Whisky trinken – nur um abzuschalten. Beobachten Sie mal die Eingänge großer Konzerne. Häufig finden Sie in unmittelbarer Nähe Kioske, an denen nicht nur Kaffee ausgeschenkt wird. Wie viele gut gekleidete Herren machen dort frühmorgens kurz Halt, um einen kleinen Jägermeister zu verdrücken …

WISSENSWERT

Etwa 20 Milliarden DM kosten die Betriebe jährlich die Einnahme von Medikamenten wie Beruhigungsmittel, Schlafmittel oder Schmerzmittel. Die Leistungsminderung beruht hier auf sehr ähnlichen Faktoren wie bei Alkoholkonsum: Schläfrigkeit, Benommenheit, Unkonzentriertheit.

Nehmen Sie mögliche Ängste Ihrer Mitarbeiter ernst oder – noch besser – bauen Sie ihnen rechtzeitig vor!

Ebenfalls sehr eindrucksvoll werden in dem Buch »Kostenfaktor Angst« die Schwierigkeiten geschildert, die die Manager hatten, ihre Ängste zuzugeben. Je höher die Hierarchiestufe, umso geringer war die Bereitschaft, das Thema Angst überhaupt zuzulassen, geschweige denn zuzugeben. Dennoch ist der Faktor »Kosten für entgangenen Nutzen« gigantisch – und das alles sollen die niedrigen Hierarchiestufen verursacht haben? Wohl kaum!

30 Milliarden DM resultieren aus der Leistungsminderung wegen Mobbing.

Gemobbt werden Mitarbeiter, die durch zu gute Leistungen auf »schwächere« bedrohlich wirken. Gemobbt wird, um Macht zu demonstrieren, gemobbt wird auch, um »gute« Positionen nicht in Gefahr zu bringen. Mobbing geschieht auf gleicher Hierarchieebene und von oben nach unten.

18 Milliarden DM Kosten werden dadurch hervorgerufen, dass Mitarbeiter durch Angst krank und durch Fehlzeiten zum Kostenfaktor werden.

Die acht häufigsten Ängste am Arbeitsplatz

Laut einer Umfrage, die von den Autoren Panse und Stegmann (1996, Seite 197 ff.) durchgeführt wurde, steht die

Angst vor Arbeitsplatzverlust

von der Häufigkeit her an erster Stelle. Diese Angst wird wahrscheinlich in den nächsten Jahren unser Begleiter bleiben. Hilfe gegen diese Ängste werden Sie von außen oder oben kaum erwarten können, denn es liegen keine Patentlösungen parat. Auf jeden Fall (pauschal ausgedrückt) wäre es in diesen Zeiten frevelhaft, beruflich stehen zu bleiben: seinen Wissensstand nicht zu erweitern, stur zu bleiben bei der Einforderung (bisher) gezahlter Prämien, auf einen kurzen Anfahrtsweg zum Arbeitsplatz zu beharren usw. Allerdings richtet sich hier mein Appell an die Unternehmen, die Angst vor dem Verlust des Arbeitsplatzes nicht als »motivierendes« Druckmittel zu verwenden, um das Letzte aus dem Mitarbeiter herauszuholen. Die zweithäufigste Angst ist die

Gegen diese Angst gibt es (leider!) keine Patentlösung!

Der Aufbau einer »Fehlerkultur« nimmt den Mitarbeitern die Angst vorm Versagen

Angst vor Krankheit und Unfall

Damit ist zum einen gemeint, dass durch das krankheitsbedingte Fernbleiben vom Arbeitsplatz mit beruflichen Nachteilen zu rechnen ist. Hier ist ein offenes Reagieren auf Krankheit ein Mittel, um dieser Angst Herr zu werden. Es bieten sich zum Beispiel Rückkehrgespräche an (siehe Seite 195 – 198).

Zum anderen ist die Angst vor Unfällen am Arbeitsplatz gemeint: wie in der Flugsicherung, bei Kernkraftwerken usw.

Sollten Ihnen Ängste in dieser Richtung begegnen, können diese aus meiner Sicht durch klare Sicherheitsvorschriften und Kontrollen behoben werden.

Angst, Fehler zu machen

steht an dritter Stelle der Befragung von Panse und Stegmann. Das stimmt bedenklich. Wie sollen Unternehmen mit dringend notwendigen Innovationen zurechtkommen, wenn die Mitarbeiter Angst haben, Neues auszuprobieren? Alfred Krupp sagt man den Ausspruch nach: »Wer arbeitet, macht Fehler, wer viel arbeitet, macht mehr Fehler. Nur, wer die Hände in den Schoß legt, macht gar keine Fehler.« Training on the Job wird damit schwierig, denn wer möchte sich gerne bei Fehlern beobachten lassen? Oder sich gar bloßstellen lassen oder als »Schuldiger« an den Pranger kommen?

Schaffen Sie eine Fehlerkultur, durch die der Mut zum Experimentieren das Unternehmen weiterbringt. Solange Fehler als »Schwäche« oder »Mängel« bewertet werden, wird der Hang zum Perfektionismus diese Art »Schwäche« ausmerzen. Schade, denn wir brauchen wieder den Mut zu neuen Ideen und eine Plattform, auf der experimentiert werden darf. Selbstverständlich soll dies keine Aufforderung dazu sein, Fehler jederzeit willkommen zu heißen. Sie als Führungskraft unterscheiden zwischen Flüchtigkeitsfehlern, Fehlern, die vermieden werden können und Fehlern aus Unwissenheit. Es ist Ihre Aufgabe, auf Fehler hinzuweisen, allerdings entscheidet das *Wie* über die zukünftige »Fehlerangst« Ihrer Mitarbeiter.

Fehler müssen erlaubt sein – Ihre und die Ihrer Mitarbeiter!

Angst, persönliche Anerkennung oder Wertschätzung zu verlieren

Auf Platz vier rangiert das Phänomen »nicht wahrgenommen zu werden«. Es zieht sich wie ein roter Faden durch alle Führungsbereiche. Offensichtlich gibt es immer noch viele Organisationen, die Anerkennung von Leistung sowie Lob oder Wertschätzung als überflüssig erachten. Oder hängt es doch mit der Angst der Manager zusammen, bei Lob mehr Gehalt zahlen zu müssen? Differenzieren Sie auch hier: Es wird gar nicht so oft automatisch ein höherer Lohn erwartet. Wenn Sie offen Lob und Tadel äußern, als Mittel zur Standortbestimmung (in Richtung Zielerreichung), dann wird das bestimmt von Ihren Mitarbeitern richtig verstanden. Deshalb müssen die armen Menschen doch nicht gleich ignoriert werden!

Angst vor Konkurrenten

finden wir auf Platz fünf. Sie ist die Hauptursache für *Mobbing-Prozesse*. Vermeintlich Überqualifizierte sollen durch Mobben in Schach gehalten werden. Diesen »Überfliegern« wird schnell nachgesagt, dass sie nur versuchen, sich beim Chef einzuschleimen. Somit entsteht ein »gesundes« Feindbild und sie werden gemieden, verhöhnt, verlacht, bloßgestellt usw. Die »Gefährlichen« sind kaltgestellt. Die Angst vor Konkurrenten kann sogar so weit gehen, dass ein Manager (Nichtakademiker) keinen Akademiker einstellt, um nicht eventuell eine »Natter an seinem Busen zu nähren«.

Angst vor Autoritätsverlust

Jetzt sind wir bei Rang sechs angelangt. Diese Angst fußt darauf, dass Mitarbeiter Anweisungen nicht mehr folgen können oder dass Ideen nicht umgesetzt und so Ziele nicht erreicht werden, dass Gelder verschwendet werden etc.

Auch hier finden wir Teile wieder, die bereits in den Kapiteln »Führung« und »Dialektik« vorkamen. Was macht denn eine gute Führungskraft aus? Nicht: autoritär zu regieren und die Mitarbeiter wie Schachfiguren hin und her zu schieben. Sondern: Autorität aus-

Wichtig: das Urbedürfnis eines jeden nach Wahrgenommenwerden und Anerkennung befriedigen

Aufklärung und
Transparenz
baut der Angst
vor Neuerungen
vor

strahlen. Die *natürliche Autorität* eines Menschen, die Ausstrahlung, das so genannte *Charisma* beeinflusst die Umgebung im positiven Sinne. Das bedeutet: sich von Machtspielen lösen, überzeugend und kongruent leben, sich und anderen ehrlich gegenüber sein, den Erhalt des Großen und Ganzen vor eigene, selbstsüchtige Wünsche stellen, Horizonterweiterung, gesunde Selbstkritik usw. Das bedeutet weiterhin: während des ganzen Lebens an sich arbeiten, sich weiterentwickeln. Dann hat auch Ihr Mitarbeiterstab Freude daran, Ziele zu verwirklichen und Ihnen loyal zu folgen.

Angst vor Innovation

Anders ausgedrückt: Auf Platz sieben rangiert die Angst vor Neuerungen. Das Alte ist bekannt, hat jahrelang gut funktioniert, weshalb also schon wieder eine angebliche Verbesserung? Hier steckt zusätzlich auch die Angst vor Arbeitsplatzverlust drin, denn es könnte ja passieren, dass der »technische Mitarbeiter« (sprich: die Maschine) den Menschen ersetzt.

Technische Neuerungen wie (neue) Datenverarbeitssysteme können nicht von heute auf morgen umgesetzt werden. Lassen Sie die Mitarbeiter früh an den Entscheidungsprozessen teilhaben; so werden sie am Tag der Einführung nicht überrumpelt.

Neue Organisationsformen wie *Lean Management, Ideenmanagement* oder *Reengineering* machen deshalb Angst, weil sich kein Mensch konkret etwas darunter vorstellen kann. Oft werden die Mitarbeiter nur dadurch auf Organisationsveränderungen aufmerksam, dass ihnen plötzlich ein Unternehmensberater auf die Finger schaut. Dadurch müssen zwangsläufig Ängste entstehen wie

▶ Verschlechterung der eigenen Arbeitssituation,
▶ Verlust der gewohnten Umgebung, wie Büroraum oder Stockwerk, dadurch
▶ Angst vor Verlust von freundschaftlicher Bindung an Kollegen,
▶ Verlust von Aufstiegsmöglichkeiten.

Beziehen Sie
Ihre Mitarbeiter
in Veränderungs-
prozesse mit ein!

Häufig empfinden Manager diese Ängste auch noch als versteckte Kritik an ihrer bisherigen Leistung. Die Ängste führen zu Änderungswiderständen in allen Hierarchieebenen. Dadurch werden die Erfolgs-aussichten gut gemeinter Veränderungsstrukturen gefährdet. Hier heißt das Zauberwort wieder »Aufklärung und Transparenz«. Sonst wird die Gerüchteküche unnötig angeheizt, was wiederum neue Ängste hervorruft.

Eine mangel-hafte Informa-tionspolitik sagt viel über das Betriebsklima aus

Angst vor mangelnder Information oder vor Fehlinformation

Diese Angst steht an letzter Stelle der Nennungen. Wenn *Offenheit* und *Transparenz* im Unternehmen gelebt werden, steigt die Leistungs-bereitschaft. Mitarbeiter, die über betriebliche Pläne, Ziele und Strate-gien informiert sind, können angstfrei in die richtige Richtung arbeiten. Mangelnde Information ist ein ausgezeichneter Gradmesser für *schlechtes Betriebsklima*. Je weniger Informationen fließen, umso mehr beherrschen Ängste das Wirkungsfeld. Dies lässt sich auch bestens als »Mobbing-Werkzeug« einsetzen. Denn durch fehlende oder gar falsche Informationen können Mitarbeiter total ausgegrenzt werden. So stellen Chefs ihre Mitarbeiter kalt, praktizieren Mobbing von oben nach unten. Zeigen Sie Größe und informieren Sie Ihre Mitarbeiter umfas-send, soweit es in Ihrer Macht steht.

Quelle: Panse/Stegmann (1996, S. 196)

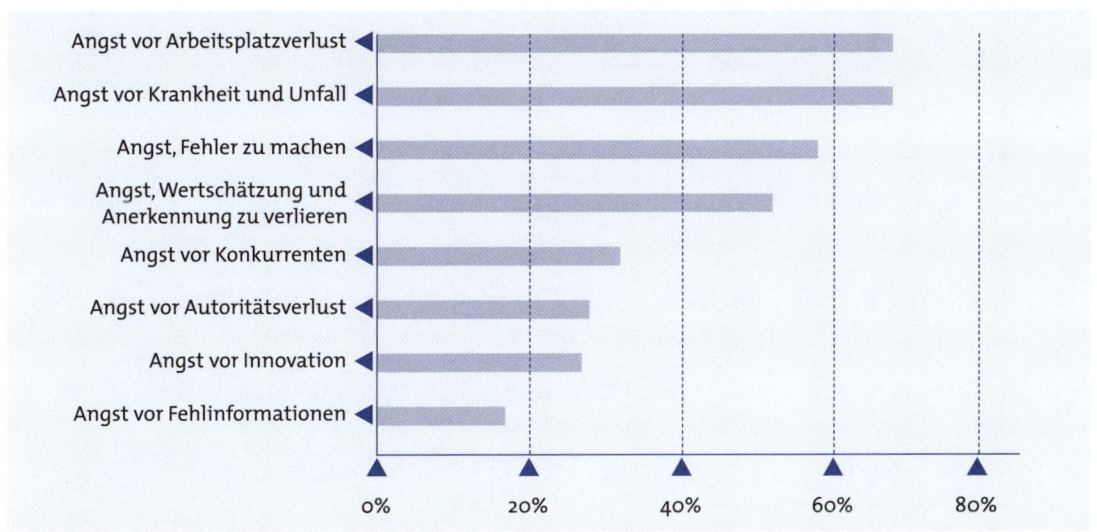

AKTIONSPLAN

Selbstwertgefühl, Ängste & Co.

So begegnen Sie erfolgreich spezifischen Mitarbeiterängsten

*Im Folgenden sind die Kernprobleme auf den Punkt gebracht.
Entscheiden Sie, wo Sie aktiv werden müssen, und setzen Sie die
vorgeschlagenen Maßnahmen um.*

1.   Als neuer Chef wollen Sie in der Abteilung einiges umkrempeln. Doch schon jetzt – angesichts erster Äußerungen Ihrerseits –
fängt die Gerüchteküche an zu brodeln, Mitarbeiter »mauern«
oder melden Zweifel an. Kurz: Sie haben das Gefühl, dass
Unsicherheit und Angst grassieren.

Befinden Sie sich in dieser schwierigen Lage?

Nein

Ja, und zwar seitdem ich folgende Neuerungen angekündigt
habe:

_____

_____

Vorschläge zur Lösung des Problems:

Siehe dazu:

▶ Zunächst: diese Angst vor Innovationen und – als mögliche
Folge davon – vor Arbeitsplatzverlust ernst nehmen

Seite 166 ◀ ▶ Transparenz und Offenheit schaffen: Mitarbeiter frühzeitig
in Veränderungsprozesse miteinbeziehen

Seite 167 ◀ ▶ Informationsfluss verbessern, »Rückmeldungskultur«
implementieren, Feedback intensivieren

Beginn der Maßnahmen: ab sofort

Erfolgskontrolle: nach 8 Wochen

Ergebnis: _____

Mögliche Maßnahmen bei anfänglichem Misserfolg:

▶ Einzelgespräche mit den Mitarbeitern führen über genaue Ursachen der Ängste (wie Überforderung, mangelnde Qualifikation, Angst, Fehler zu machen) und gemeinsam Lösungen entwickeln (wie Schulungen, Umverteilung von Aufgaben)

▶ Gemeinsam mit Geschäftsleitung und/oder Betriebsrat überlegen, ob fürs Gesamtbetriebsklima (Stichwort: angstfreies Klima schaffen) etwas getan werden muss

2. Sie erleben oft Folgendes: Sie wollen eine (verantwortungsvolle) Aufgabe einem Mitarbeiter übertragen, doch der blockt mit fadenscheinigen Argumenten die Arbeit ab. Oder: Misserfolge werden von Ihren Mitarbeitern lieber vertuscht als dass sie ein Scheitern offen eingestehen. Sie bekommen langsam das Gefühl: In Ihrem Team grassiert die Angst, Fehler zu machen.

Kommt Ihnen dieses Szenario bekannt vor?

☐ Nein

☐ Ja, Ähnliches habe ich schon in folgenden Fällen erlebt:

_____

_____

_____

_____

Vorschläge zur Lösung des Problems:

▶ Das eigene Verhalten überprüfen: Wie reagieren Sie auf Fehler?

Seite 108 – 119 ◀ ▶ Gegebenenfalls Ihre Fähigkeit, fair und konstruktiv zu kritisieren, verbessern

Seite 166 – 167 ◀ ▶ Die Vertrauensbasis generell verbessern durch mehr Feedback, Rückmeldung, Offenheit, Transparenz

Beginn der Maßnahmen: ab sofort

Erfolgskontrolle: nach 8 Wochen

Ergebnis: _____

Mögliche Maßnahmen bei anfänglichem Misserfolg:

Seite 81 – 84 ◀ ▶ Abteilungs-Brainstorming durchführen: Problemlösungsstrategie per Metaplan-Technik entwickeln

Seite 138 ◀ ▶ In Einzelgesprächen eruieren: Resultiert die Angst, Fehler zu machen, aus mangelnder Qualifikation? Bei Bedarf gemeinsam Fortbildungsmaßnahmen besprechen

▶ Gemeinsam mit Geschäftsleitung und/oder Betriebsrat überlegen, ob fürs Gesamtbetriebsklima (Stichworte: Fehlerkultur, angstfreies Klima) etwas getan werden muss

Wenn Sie diese Probleme erfolgreich bewältigt haben, können Sie entweder direkt zu Kapitel 8 übergehen oder Sie blättern zurück zur »Situationsanalyse« und beschäftigen sich dort mit Punkt 8.

Unser Gehirn – Logik kontra Emotion?

Es hat sich in den letzten Jahren eine fatale Faktenhörigkeit und Datenlogik in den Unternehmen breit gemacht. Beweisbares wird immer mehr dem Erfühlten vorgezogen. Nur: Mit Beweisen allein würde unsere Welt nicht funktionieren. Was sich zum Beispiel deutlich zeigt bei der Beobachtung von Lawinen. Die Lawinenexperten nämlich müssen auch ihrem Gefühl folgen bei der Beantwortung der Frage, ob die Gefahr eines Abgangs besteht oder nicht, ob Straßen gesperrt oder wieder geöffnet werden können. Werden auch Sie zum »Lawinenexperten« Ihres Unternehmens, indem Sie stets Gefühl und Verstand in die Waagschale werfen.

Ziel des Kapitels: wie Sie mit ganzheitlichem Denken und Handeln zur »Führungskraft der Zukunft« werden

8.1 Hirndominanz und Denkweise

Sehen wir uns zunächst an, wie unser Gehirn arbeitet:

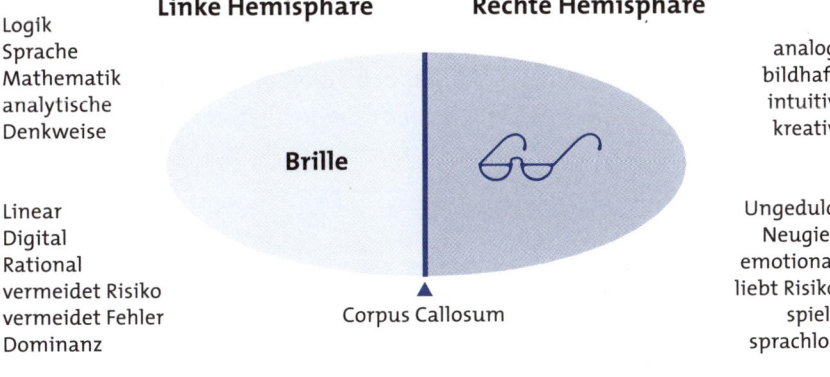

Linke Hemisphäre **Rechte Hemisphäre**

Logik
Sprache
Mathematik
analytische
Denkweise

Brille

analog
bildhaft
intuitiv
kreativ

Linear
Digital
Rational
vermeidet Risiko
vermeidet Fehler
Dominanz

Corpus Callosum

Ungeduld
Neugier
emotional
liebt Risiko
spielt
sprachlos

Hand aufs Herz: Welche Gehirnhälfte dominiert bei Ihnen?

»Linkshirnige Verkopfung« geht zu Lasten von Einfühlungsvermögen und Intuition

In meinen Seminaren wird immer wieder deutlich, dass der *linken Hirnhälfte* nach wie vor eine wesentlich größere Bedeutung eingeräumt wird als der *rechten* – die wird eher ignoriert. Die Arbeit der linken Seite wirkt beweisbar; hier wird nicht in so nebulösen Gefilden wie Gefühl, Einfühlungsvermögen, Intuition usw. »herumgespielt«. Schließlich, so höre ich immer, geht es um ernsthafte Geschäfte, die vernünftig abgeschlossen werden müssen. Diese Einstellung drückt sich auch in der Sprache aus: Mitarbeiter werden nicht mehr entlassen, sondern »Kostenstellen werden bereinigt«. Wie schön, dass damit kein Gewissen mehr belastet wird, denn dass Kostenstellen bereinigt werden müssen, leuchtet doch jedem auch noch so sozial eingestellten Menschen ein!

Durch den Nervenstrang (Corpus Callosum), der die beiden Hirnhälften miteinander verbindet, werden Informationen beider Hirnhälften zusammengeführt: Wenn Sie das Wort »Brille« hören, nimmt die linke Hirnhälfte diese Information zunächst als neutrale Buchstabenfolge auf. Nun wird über den Corpus Callosum der Begriff an die rechte Hirnhälfte weitergeleitet: »Hast du in deinem Archiv zu B/R/I/L/L/E ein passendes Bild?« Wird der Archivar der rechten Hirnhälfte fündig, so schickt er das passende Bild ⌐⌐. Aus der digitalen Information B/R/I/L/L/E wird erst durch die Ergänzung des dazu passenden Bildes aus der rechten Hirnhälfte eine komplette Darstellung des Begriffes »Brille«.

»Frauendenke« – »Männerdenke«

Nach neuesten wissenschaftlichen Erkenntnissen ist der Corpus Callosum bei Frauen größer. Somit sind sie sehr viel schneller in der Lage, Informationen durch beide Gehirnhälften zu »jagen«, und können deshalb blitzartig komplexere Zusammenhänge erkennen.

Frauen sind oft besser im Erkennen komplexerer Zusammenhänge

FALLBEISPIEL

Eine neue Büroeinrichtung soll angeschafft werden. Die Herren der Schöpfung wurden nach ihren Wünschen befragt. Antwort: »Die

**Frauen denken
und agieren
(in der Regel)
ganzheitlicher
als Männer**

Stühle müssen ergonomisch sein, müssen gut rollen, müssen gut funktionieren.« Punkt. Frauen antworteten: »Die Stühle müssen zur Einrichtung passen, das Muster darf nicht so auffallend, die Farbe sollte unaufdringlich sein (dennoch kein fades Mausgrau), vielleicht ein dezentes Blau, das passt sich auch jeder Garderobe an, würde sich auch nicht mit dem Teppich beißen. Und sie sollen selbstverständlich bequem und funktional sein.«

Frauen erkennen sofort sowohl den rein nützlichen Aspekt wie auch den Wohlfühlaspekt wie Aussehen, Farbe und Optik generell. Ein Zeichen für die tadellose Zusammenarbeit beider Hirnhälften. Reden Frauen dann über das Wohlfühlen, wird dieser Aspekt (von »Linkshirnen«) oft als »unwichtig« bewertet, da Ergonomie und Funktionalität im Faktendenken eine höhere Rangordnung besitzen. Daraus entstehen dann Schlussfolgerungen wie: »Frauen kommen nie zur Sache!« Aber wer entscheidet denn, was »Sache« ist?

Weitere *linkshirnige Muster* lassen sich beispielsweise in folgenden Sätzen erkennen:

▶ »Alles, was Spaß macht, taugt am Arbeitsplatz nichts.«
▶ »Dienst ist Dienst und Schnaps ist Schnaps.«
▶ »Ordnung muss sein.«
▶ »Erst die Arbeit und dann das Vergnügen.«

Was uns die Graugänse lehren

Konrad Lorenz hat mit seinen Graugänsen hervorragende Studien betrieben und kam zu außerordentlich interessanten Schlussfolgerungen. Das Beispiel von seinem Gänsekind Martina lässt Rückschlüsse zu auf das menschliche Kommunikationsverhalten:

Die kleine Martina schlüpfte aus ihrem Ei und entdeckte als Erstes Konrad Lorenz, der somit (genetisch bedingt) ihre »Mutter« wurde. Konrad Lorenz war sich dieser Verantwortung noch gar nicht bewusst und versuchte, die kleine Gans bei seiner Hausgans zur Aufzucht unterzubringen. Das löste bei Martina größte Panik aus und die schmerzlich

Ein linkshirniges
Muster: Spaß hat
am Arbeitsplatz
nichts zu suchen

Das Urbedürfnis wahrgenommen zu werden, prägt jede Kommunikation

verzweifelten Rufe voller Todesangst veranlassten ihn, die kleine Martina quasi an Kindes statt anzunehmen.

Nun kam die erste gemeinsame Nacht. Er legte sie in seinem Schlafzimmer unter eine Wärmelampe und stellte so vergleichbare Bedingungen her, wie sie die kleine Gans bei ihrer leiblichen Mutter vorgefunden hätte. Er legte sich schlafen. Nach ungefähr einer Stunde riss ihn das verzweifelte »Piep-piep-piep« der kleinen Gans aus dem Tiefschlaf. Er versuchte, es zunächst zu ignorieren, in der Hoffnung, dass Martina von selbst wieder einschlafen würde. Doch er erkannte schnell, dass Martina sich eher zu Tode piepsen würde, als freiwillig wieder einzuschlafen. Das veranlasste ihn, in die »Sprachschule« bei seiner Hausgans zu gehen, also der leiblichen Mutter von Martina.

Bald konnte er das »Piep-piep-piep« übersetzen; es hieß: »Ich bin hier, bist du auch noch hier?« Er lernte, dass es wichtig war, mit »Ich höre, dass du da bist, ich bin auch da« zu antworten, und er reagierte mit einem freundlichen »Gag-gag-gag«, das die kleine Martina endlich glücklich in den Schlaf sinken ließ.

Betrachten Sie mal die menschliche Kommunikation. Wie oft stellen Sie sich die Frage: »Was sollte denn jetzt dieser Anruf? Das hätte mir die Schulze doch gleich in der Kantine erzählen können, da treffen wir uns doch sowieso.« Sehr vernünftig gedacht! Bei näherem Hinsehen entdecken wir, dass es täglich dutzendweise Anrufe oder persönliche Gespräche gibt, die – auf den ersten Blick – keinen vernünftigen Grund haben. Analog zur Theorie von Konrad Lorenz bedeuten diese Anrufe: »Piep-piep-piep« = »Ich bin noch da, bist du auch da?« Wenn Sie jetzt (eher rechtshirnig) antworten würden mit: »Gag-gag-gag« = »Ich merke, du bist da, ich bin auch da«, wäre die menschliche Seele gestreichelt und alles im Lot. Dieses *Urbedürfnis, wahrgenommen zu werden* ist wahrscheinlich nicht nur Graugänsen angeboren. Und aus der Graugans-Geschichte können Sie ableiten, wie weh das Gefühl tut, ignoriert zu werden. Sehr vernunftbetonten Menschen kommt diese »Piep-piep-piep-« und »Gag-gag-gag-Kommunikation« ziemlich albern und überflüssig vor!

Viele überflüssig erscheinende Gespräche befriedigen das Bedürfnis nach Kontakt

Sachebene und Beziehungsebene

Paul Watzlawik, Kommunikationspsychologe, hat sich ebenfalls mit menschlicher Kommunikation befasst und kommt auf anderen Wegen zu (fast) der gleichen Erkenntnis. Kommunikation findet auf zwei Ebenen statt: Auf der *Sachebene* (Verstand) und auf der *Beziehungsebene* (Gefühl).

Können Sie sich vorstellen, dass eine der beiden Ebenen – während Sie mit jemandem sprechen – wichtiger, durchschlagkräftiger oder überzeugender ist als die andere? Wenn ja: Welche Ebene ist es? Manch einer wird sagen: »Die Sachebene«, ein anderer meint: »Die Beziehungsebene«. Und wieder andere werden sagen: »Es kommt darauf an, mit wem man spricht und über was man spricht.«

WISSENSWERT

Paul Watzlawik stellt fest: 88 Prozent der Überzeugungskraft entsteht auf der Beziehungsebene und nur 12 Prozent auf der Sachebene.

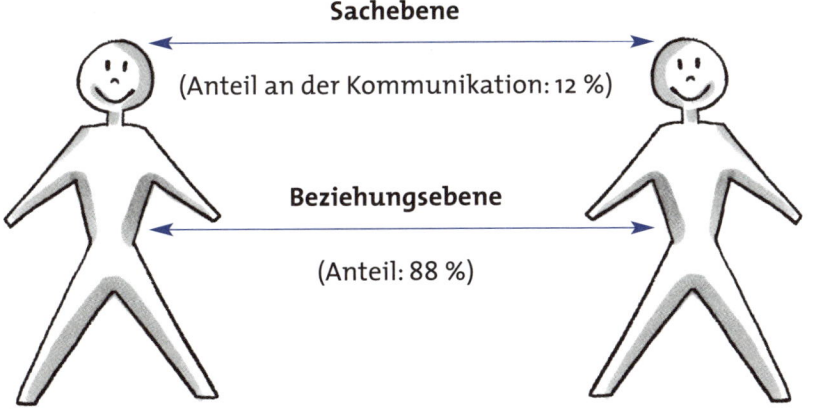

Sachebene

(Anteil an der Kommunikation: 12 %)

Beziehungsebene

(Anteil: 88 %)

Um jemanden zu überzeugen, müssen Sie dessen Gefühle ansprechen

Eine positive Beziehungs- ebene ist Voraus- setzung für erfolgreiche Kommunikation

Zunächst wird das Unterbewusstsein Ihres Gegenübers prüfen, ob zum Beispiel Sie als Gesprächspartner glaubwürdig sind. Es liegt auf der Lauer nach »Inkongruenz«, das heißt nach »Unstimmigkeit«. Falls Sie begeistert schildern möchten, wie gut die Präsentation beim Kunden angekommen ist (und der Großauftrag sicher folgt), wirkt das nur dann überzeugend, wenn in Ihrer Stimme, Ihrer Mimik, Ihrer Körperhaltung ebenfalls diese Überzeugung zu erkennen ist. Wenn Sie Ihre »Begeiste- rung« mit schwacher, monotoner Stimme äußern, weil Ihnen heute (aus anderen Gründen) nicht so wohl ist, wird Ihr Gesprächspartner misstrauisch. Oder wenn Sie ständig den Kopf schütteln, während Sie sagen: »Ich finde es bewundernswert, wie schnell Sie die Sachlage er- fasst haben.« Unklarheiten auf den verschiedenen Ebenen (Sach- und Beziehungsebene) gehen immer zugunsten der Beziehungsebene aus, das heißt, ihr wird geglaubt.

Zudem kommen Sie auf der Sachebene dann besser zurecht, wenn die Beziehungsebene zwischen den Gesprächspartnern positiv ist. (Sie- he dazu auch das Kapitel über die Dialektik.) Angenommen, Ihre Zuhö- rer finden Sie sympathisch, halten Sie für kompetent, achten Sie, dann werden sie Ihnen viel eher abnehmen, was Sie sagen. Wenn Sie hinge- gen Ihren Zuhörern unsympathisch sind, wenn man Sie nicht mag, wenn man Sie für inkompetent hält, wenn also die Beziehungsebene negativ gefärbt ist, werden Sie es sehr viel schwerer haben, auf der Sachebene das zu erreichen, was Ihnen am Herzen liegt. Anders aus- gedrückt:

EXPERTENTIPP

So, wie Sie persönlich von Ihren Gesprächspartnern einge- schätzt und empfunden werden, so wird auch das eingeschätzt, entgegengenommen und empfunden, was Sie sagen.

Der Gefühls- aussage einer Botschaft wird eher geglaubt als der Sachaussage

Mag man Sie, wird auch das gemocht, was Sie sagen. Mag man Sie nicht, lehnt man meistens auch das ab, was Sie sagen. Kurz: »The me- dium is the message« (Der Sender ist die Botschaft). Somit mischen die 88 Prozent Beziehungsebene ununterbrochen voll mit! Ein Mensch mit einem ausgeglichenen Selbstwertgefühl oder einer »großen Insel« wird diese »Hürde« jedoch leicht schaffen.

Ein abschließendes Beispiel, in dem es um ein Projekt zur Optimierung der Organisation (Verfasser unbekannt) geht:

Beispiel: Optimierung der Organisation auf »linkshirnige« Art

FALLBEISPIEL

Eine Projektgruppe hatte die Aufgabe die Arbeitsweise eines Symphonieorchesters zu untersuchen. Sie kam zu folgendem Ergebnis: Die Oboisten hatten während langer Zeitabschnitte nichts zu tun. Die Gruppe empfahl deshalb, die Anzahl der Oboisten einzuschränken und deren Arbeit gleichmäßiger über das ganze Konzert zu verteilen, um unnötige Belastungsspitzen zu vermeiden. Weiter stellte die Gruppe fest, dass alle zwölf ersten Violinen dieselben Noten spielten. Ihrer Meinung nach war das unnötig. Die Besetzung dieses Orchesterteils könnte drastisch verringert werden. Sollte es allerdings wichtig sein, ein großes Tonvolumen zu erzeugen, so würde sich der wirtschaftliche Einsatz von elektronischen Verstärkern anbieten.

Störend auf eine gleichmäßige Auslastung der Orchesterkapazität wirkte sich vor allem die große Anzahl von Sechzehntel- und Zweiunddreißigstelnoten sowie von Triolen aus. Dabei handelte es sich eindeutig um eine überflüssige Verfeinerung. Deshalb empfahl die Projektgruppe, dass alle Noten zur nächsthöheren Achtelnote aufgerundet werden sollten. Diese Maßnahme würde es ermöglichen, einen Großteil der teuren Spezialisten durch angelernte Kräfte mit geringerem Lohn zu ersetzen.

Außerdem bemerkte man, dass zu viele Abschnitte wiederholt wurden. Hier bot sich erneut eine starke Vereinfachung an. Als besonders nutzlos empfand man es, wenn zum Beispiel die Blasinstrumente eine Reihe von Takten wiederholten, die zuvor schon von den Streichern zur Zufriedenheit aller ausgeführt worden waren.

Eine Zusammenfassung der bisherigen Überlegungen ergab, dass das ganze Konzert auf 20 Minuten reduziert werden könnte, sodass keine bezahlte Orchesterpause nötig wäre. Darüber hinaus war der Gruppe aufgefallen, dass die Aufmerksamkeit der Zuhörer bei einigen

Merken Sie, worauf dieses Fallbeispiel hinausläuft?

Passagen bedeutend geringer war als bei anderen. Durch Streichungen dieser Teile wäre eine weitere Straffung möglich.

Der Dirigent stand diesen Vorschlägen im Prinzip nicht ablehnend gegenüber, bemerkte jedoch, dass – im Falle der Realisierung aller Vorschläge – ein drastischer Rückgang des Verkaufs von Eintrittskarten die Folge wäre.

Die Projektgruppe nahm diesen wichtigen Hinweis sehr dankbar auf, denn diese Überlegung führte dazu, dass Teile des Konzertsaales geschlossen und dadurch Gemeinkosten für Licht, Platzanweiser, Heizung, Stuhlabnutzung usw. gesenkt werden könnten.

Die Ergebnisse der Projektgruppe klingen in Ihren Ohren vermutlich recht absurd. Doch wenn Sie – wider Erwarten – den Maßnahmen etwas abgewinnen können, dann ist dies ein Indiz dafür, dass Sie von Ihrer linken Gehirnhälfte dominiert werden (vorausgesetzt, Sie sind Rechtshänder und kein »Orchester- bzw. Klassik-Hasser«).

8.2 Im Vergleich: weibliche und männliche Denk- und Führungsstrukturen

Wie Frauen denken und führen

Was wird Frauen nicht alles unterstellt: verzetteln sich in Unwesentlichem, treffen kaum klare Entscheidungen, brauchen ihren Kopf nur zum Schminken usw. Doch womit Frauen eher zu kämpfen haben, ist ihr ausgeprägtes *Harmoniebedürfnis*:

▶ Lieber auf ein klares Wort verzichten, als einen Konflikt heraufzubeschwören.

▶ Lieber eine unangenehme Aufgabe selbst erledigen, als sie jemand anderes zuzumuten.

▶ Lieber mehr Zurückhaltung als Machtanspruch zeigen.

Daraus resultieren *Stereotype* bzw. die häufig anzutreffenden *Klischees* über Frauen:

▶ Setzen Frauen sich durch, haben sie Haare auf den Zähnen.
▶ Bleiben sie im Hintergrund, sind sie inkompetent.
▶ Frauen reden zu viel über unnütze Dinge (sie kommen nicht zur Sache).
▶ Frauen denken unlogisch.
▶ Frauen bekommen ihre Tage und sind dann nicht zu ertragen.
▶ Werden Frauen wütend, sind sie hysterisch.
▶ Frauen sind zu emotional.

Mit diesen und vielen anderen Vorurteilen müssen Frauen bis heute leben. Sie können über Jahrhunderte gewachsene »Kaderstrukturen« nicht ändern. In diesen Zusammenhang passen auch »alte« Wunschvorstellungen Frauen betreffend, so genannte tradierte weibliche Muster – die teils heute noch Gültigkeit besitzen (nach: Bepko/Krestan: Das Superfrauen-Syndrom, S. Fischer Verlag 1991, Seite 28 ff.):

1. **Sei attraktiv:** Eine Frau ist so gut, wie sie aussieht.
2. **Sei eine Dame:** Eine Frau verliert nie die Selbstbeherrschung.
3. **Sei selbstlos:** Eine Frau ist zum Geben geboren.
4. **Leiste Beziehungsarbeit:** Eine Frau ist von Kopf bis Fuß auf Liebe eingestellt.
5. **Sei kompetent und klage nicht:** Eine Frau schafft alles und wirkt nie überfordert.

Betrachten wir noch einmal so genannte weibliche Schwächen:

▶ Frauen äußern Kritik eher diplomatisch (und werden deshalb oft nicht ernst genommen).
▶ Sie halten sich mit Selbstdarstellung und Redebeiträgen eher zurück (Beiträge von Frauen werden von Männern nicht beantwortet, sondern bewertet).
▶ Bei erlebten Drohungen setzen Frauen eher auf Rückzug statt auf Kampf.
▶ Frauen schwächen Härten eher ab (zum Beispiel durch »Entschuldigung« oder »Danke«).

Ist es tatsächlich so negativ, Kritik diplomatisch (sprich weniger verletzend) vorzubringen?

Das männliche Motto: Spiel, Satz, Sieg!

▶ Sie spielen eigene Autorität runter (»Bin hier nur die Hausfrau«).
▶ Sie bestätigen Gesagtes; sind beim Zuhören eher reagierend als agierend.
▶ Sie stellen häufig Fragen.

Sind diese »Schwächen« wirklich so negativ? Sicher nur, wenn sie extrem stark ausgeprägt sind. Ansonsten stellen sie meiner Meinung nach blendende Voraussetzungen dar, für den neuzeitlichen, demokratischen Führungsstil.

Wie Männer denken und führen

Und nun zu den so genannten männlichen Stärken: Sie demonstrieren häufig das Motto: *Spiel! Satz! Sieg!*

▶ **Machermentalität:** Schon kleine Jungen zeigen weniger Angst und mehr Abenteuerlust als Mädchen. Gute Voraussetzungen für das Erklimmen der Karriereleiter!
▶ **Streitlust:** Die »rituelle Opposition« macht Freude. Motto: Ich knalle dem Gegner erst mal eine verbale Hürde (Angriff, Beleidigung) in den Weg, und er muss sie wegräumen.
▶ **Eigenwerbung:** Männer sorgen dafür, dass sie nicht übersehen werden. Durch lautes Auftreten oder durch Dominanz.
▶ **Eigenlob:** Männer reden oft davon, was sie gut können, selten über ihre Mängel.
▶ **Gefühlskontrolle:** Ärger im Job? Männer kämen nie auf die Idee, vor ihrem Chef oder den Mitarbeitern zu weinen.
▶ **Egoismus:** Männer investieren mit größerer Selbstverständlichkeit in sich selbst. Sie leisten sich eher (als Frauen) teure Statussymbole.
▶ **Schweigen:** Männer machen Probleme mit sich selbst aus, tragen das Herz nicht auf der Zunge. Und gelten dadurch als weniger angreifbar.

Hand aufs Herz: Wie stark ausgeprägt sind diese Eigenschaften bzw. Verhaltensmuster bei Ihnen?

Sind diese Punkte und darüber hinaus weitere so genannte männliche Stärken bei einer (männlichen) Führungskraft stark ausgeprägt, dann herrschen in der Regel beste Voraussetzungen für einen eher autoritär ausgerichteten Führungsstil.

Führungskraft der Zukunft: die Frau?

Bevor die männlichen Leser jetzt in einen Sturm der Entrüstung ausbrechen, bitte ich sie, erst einmal weiterzulesen.

Aus dem bisher Gesagten können wir folgende Schlüsse ziehen:

1. Der ausschließlich autoritäre Führungsstil ist out (er ist nur situativ – zum Beispiel in extremen Krisensituationen – einsetzbar, darf nicht grundsätzliches Führungsverständnis sein).
2. Die Kooperation wird immer wichtiger (Hierarchien verschwinden, Informationswege werden kürzer, »Verständigung« lautet das Zauberwort).
3. Der neuzeitliche, demokratische Führungsstil verlangt reife Menschen, die auf egoistische Machtansprüche (um der Sache willen) verzichten.
4. Motivation im Sinne von »alleinigen Anreizen von außen« kann demotivierend wirken.
5. Männer sind die Macher, Frauen sind die Unterstützer (im Regelfall …).
6. Frauen haben blitzschnellen Zugriff auf beide Gehirnhälften und denken dadurch komplexer und ganzheitlicher.

Ich leite jetzt mal ganz vorsichtig (typisch Frau!) logisch (weniger typisch!) ab:

Wenn Frauen die typischen Unterstützer der Macher sind, das heißt, wenn sie zugunsten des Großen und Ganzen auf eigene Machtansprüche verzichten, dann sind die »Macher« von morgen in Wahrheit die Frauen! Denn offensichtlich beherrschen sie bereits von Natur aus die Spielregeln, die für die Führung der Zukunft dringend benötigt werden.

Werfen wir typisch männliche und weibliche Führungsqualitäten zusammen, sähe das Frauenbild der Zukunft so aus (nach: Bepko/ Krestan, 1991, Seite 86 ff.):

… denn sie verzichten meist auf eigene Machtansprüche zugunsten der gemeinsamen Sache

Frauen besitzen von Natur aus eher die Führungsqualitäten der Zukunft …

Neue weibliche Muster

1. **Achte auf dein Wohlbefinden:** Eine bewusste Frau bewertet es höher, sich wohlzufühlen, als gut auszusehen.
2. **Sei offen:** Eine bewusste Frau sagt frei, was sie denkt und fühlt.
3. **Sei verständnisvoll:** Eine bewusste Frau fühlt mit anderen, ohne sich deren Probleme aufzuladen.
4. **Fördere persönliches Wachstum:** Eine bewusste Frau gibt sich selbst und anderen Kraft.
5. **Sei entschlossen:** Eine ausgeglichene Frau setzt Grenzen.

(Nach: Bepko/ Krestan, 1991, Seite 30 ff.)

Quintessenz

Wenn wir davon ausgehen, dass die »neuen« Führungsqualitäten unter anderem daraus bestehen, dass reine Selbstbezogenheit out ist, dass egoistische Machtansprüche der Vergangenheit angehören, dass Verständnis und Wertschätzung in sind, dann besitzen Frauen bereits die Führungsqualitäten, die heute so dringend im Management gesucht werden!

… wenn sie den richtigen Umgang mit ihren »Schwächen« lernen

Allerdings müssten sie lernen, über ihren (oft anerzogenen) weiblichen Schatten zu springen. Das bedeutet, »weibliche Schwächen« als Stärken zu verstehen bzw. in Stärken umzuwandeln. Dazu gehören das (oft allzu) ausgeprägte (und dadurch hinderliche) Harmoniebedürfnis genauso wie das Aufopfern für Chef, Familie, Kollegen oder das Arbeiten bis zum Märtyrertum.

Unser Gehirn – Logik kontra Emotion?

Führen mit Gefühl und Verstand

Im Folgenden sind die Kernprobleme auf den Punkt gebracht.
Entscheiden Sie, wo Sie aktiv werden müssen, und setzen Sie die
vorgeschlagenen Maßnahmen um.

1.   Sie haben sich zum Ziel gesetzt, gemeinsam mit Ihrem Team
neue Kunden zu gewinnen, innovative Produkte zu entwickeln
oder dergleichen mehr. In einem Meeting legen Sie zunächst
Punkt für Punkt Ihre eigenen Vorstellungen dar. Doch die rechte
Begeisterung will nicht aufkommen und die anschließenden
Vorschläge der Mitarbeiter fallen mager aus – obwohl Ihre Ideen
gut und die Mitarbeiter ansonsten motiviert sind.

Passiert Ihnen derlei öfter?

☐ Nein

☐ Ja, und zwar zuletzt in dem Meeting

_____

_____

Vorschläge zur Lösung des Problems:

Siehe dazu:

▶ Sich zunächst bewusst werden, dass die Ursachen von
Kommunikationsstörungen weitaus häufiger in einer
gestörten Beziehungsebene (Gefühle) liegen als auf der
Sachebene (Inhalte).

▶Seite 175 – 177

▶ Beziehungsebene analysieren: Wurden die kommunikativen
Bedürfnisse des Gegenübers (nicht) befriedigt? Wurde das
Bedürfnis nach Wahrnehmung/Anerkennung (nicht) gestillt?
etc.

▶Seite 79 – 81,
173 – 174

Seite 176 – 177 ◄   ▶ Analyse: Kommt die Botschaft (hier: Begeisterung wecken) bei den Zuhörern nicht an, weil das eigene Verhalten Inkongruenz aufweist? Das heißt, stimmen Sachaussage und Mimik/Gestik/Stimmlage nicht überein?

▶ In Zukunft: auf kongruentes Verhalten achten

Beginn der Maßnahmen: ab sofort

Erfolgskontrolle: nach der nächsten
                                                     Präsentation

Ergebnis: _____

Mögliche Maßnahmen bei anfänglichem Misserfolg:

Seite 84 – 85, 87 – 89 ◄   ▶ Strategien des Überzeugungstransfers rekapitulieren

Seite 81 – 84, ◄
98 – 100   ▶ Ablauf derlei Meetings: statt erst Eigenpräsentation und dann Mitarbeitervorschläge lieber von vornherein gemeinsames Vorgehen (zum Beispiel mithilfe der Metaplan-Technik)

2. Im Team wird ein Problem diskutiert. Sie als Vorgesetzte äußern vorsichtig Kritik an der Meinung eines Mitarbeiters: »Entschuldigen Sie, aber ich finde, Sie sollten besser auch die andere Seite berücksichtigen.« Seine Replik: »So, finden Sie? Mir ist mein Hemd aber näher als anderer Leute Hose (lacht). Ich ziehe da nicht mit.« Ihre Reaktion: Sie schalten auf Rückzug.

Kommt Ihnen dieser Gesprächsablauf irgendwie bekannt vor?

☐ Nein

☐ Ja, so ähnlich ist es mir in folgendem Meeting ergangen:

_____

_____

Analyse und Vorschläge
zur Verbesserung der Kommunikation:

▶ Zunächst: Sich generell typisches Rollenverhalten von Mann   ▶Seite 178 – 180
   und Frau bewusst machen

▶ Verhalten der Frau in dieser konkreten Situation: wird geprägt   ▶Seite 113
   von Diplomatie, Abschwächen der Härte, Herunterspielen
   der eigenen Autorität, Rückzug. Tipps: selbstbewusster die
   eigene natürliche Autorität nutzen; Kritik klarer und direkter
   ohne Entschuldigung vorbringen (natürlich fair!), statt Rückzug die Herausforderung annehmen

▶ Verhalten des Mannes in dieser konkreten Situation: ▶Seite 73 – 81
   wird geprägt von Dominanz, Streit-/Konfliktbereitschaft,
   Abwertung der Kompetenz des Gesprächspartners.
   Tipps: statt Infragestellen/Abwertung der Kompetenz das
   Gegenüber ernst nehmen

▶ Kurz: Beide Seiten sollten an den rollenspezifischen   ▶Seite 181 – 182
   Verhaltensmustern arbeiten und quasi eine Synthese
   aus »männlich« und »weiblich« wagen

Beginn der Maßnahmen: ab sofort

Erfolgskontrolle: nach jedem Gespräch

Ergebnis: _____

Mögliche Maßnahmen bei anfänglichem Misserfolg:

Seite 87 – 89 ◀   ▶   Die Regeln fairer Kommunikation erneut trainieren

Seite 204 ◀   ▶   Weiterführende Fachliteratur zum Thema Rollenverhalten lesen. Mein Buchtipp: Bepko/Krestan, 1991

▶   Schulungen zum Thema Rhetorik für Frauen besuchen. Tipp: Das Seminar sollte vor allem den Aspekt »Männersprache – Frauensprache« behandeln. (Um den für Sie richtigen Trainer zu finden, wenden Sie sich am besten an Ihre Personalabteilung oder fragen nach anderweitigen Empfehlungen.)

Wenn Sie diese Probleme erfolgreich bewältigt haben, können Sie entweder direkt zu Kapitel 9 übergehen oder Sie blättern zurück zur »Situationsanalyse« und beschäftigen sich dort mit Punkt 9.

Die Kunst der fairen Konfliktlösung

Stellen Konflikte wirklich nur eine Bedrohung der bestehenden Ordnung dar? Oder gehören sie genauso zu einem gesunden Organismus wie Bakterien in den Darm? »Merkwürdiger Vergleich!«, werden Sie sagen. Und dennoch: Welche »Konfliktbakterien« sind gesundheitserhaltend, welche gefährden den Organismus Unternehmen?

Ziel des Kapitels: Sie lernen, Konflikte so zu lösen, dass fruchtbare Ergebnisse erzielt werden

9.1 Wie Konflikte entstehen

Bei *Konflikten* prallen *Wünsche, Motive, Ziele, Hoffnungen, Erwartungen* von zwei oder mehr Parteien aufeinander. Dadurch entstehen Kontrahenten: mindestens A kontra B, schlimmstenfalls alle kontra B. Es droht die Gefahr, dass eine Partei siegt, der »Schwächere« verliert.

Bedürfniskollision – Wertekollision

Konflikte entstehen überwiegend aus zwei Gründen:

1. aufgrund einer *Bedürfniskollision* (wie: unterschiedliche Fernsehwünsche, Raucher und Nichtraucher in einem Büro, ein Angestellter möchte trotz vieler Arbeit pünktlich gehen);

2. aufgrund einer *Wertekollision* (beruhend zum Beispiel auf unterschiedlichem Lebensstil, voneinander abweichender Moral, religiöser/politischer Überzeugungen, Neigungen und Ziele)

Prüfen Sie stets: Handelt es sich um eine Bedürfnis- oder eine Wertekollision?

Konflikte, die auf einer Bedürfniskollision beruhen, können (meist) zufriedenstellend gelöst werden

Lassen sich all diese Konflikte lösen? Nein! Wertekollisionen können auch mit noch so viel Fingerspitzengefühl nur äußerst selten zu einem fruchtbaren Ergebnis geführt werden. Verschwenden Sie also nicht Kraft und Zeit in Dinge, die auch durch Ihre Hilfe nicht zu ändern sind.

Welche Konflikte lassen sich lösen?

Was glauben Sie: Was ist lösungsfähig, was nicht? Hier ein paar ganz alltägliche Konflikte:

1. Rauchen am Arbeitsplatz
2. Ungerechte Entlohnung
3. Urlaubsplanung
4. Kopftuch tragen am Arbeitsplatz
5. Einen faulen Kollegen mittragen oder decken
6. Krieg zwischen zwei Abteilungen
7. Einen alkoholisierten Kollegen decken
8. Überforderung am Arbeitsplatz
9. Unterforderung am Arbeitsplatz

Welche dieser Konflikte fallen unter »Wertekollision« und sind damit nicht lösbar? Richtig: Punkt 4 fällt unter »religiöse Werte« und ist mit keinem Konfliktlösungsmodell zu klären.
Die übrigen Konflikte können zumindest »angegangen« werden. Und zwar so:

9.2 Acht »Konflikt-Klassiker« – und deren Lösung

Rauchen am Arbeitsplatz

Für das »Problem Rauchen« lassen sich leicht Lösungen finden

Hier prallen Raucher und Nichtraucher aufeinander. Es handelt sich nicht um eine Wertekollision, sondern um einen Bedürfniskonflikt. Beide Parteien verdienen es, ernst genommen zu werden. Einem Nichtraucher einen Raucher ins kleine Büro zu setzen, fördert sicher die

Demotivation von beiden. Entweder Sie versuchen, die Parteien »büroweise« aufzuteilen oder Sie untersagen generell den blauen Dunst und schaffen Ausweichmöglichkeiten wie Raucherzimmer oder »Kurzpausenregelungen«. Inzwischen hat sich sogar der Gesetzgeber eingeschaltet und eindeutige Lösungen per Gesetz erlassen.

Ungerechte Entlohnung

Dieser Konflikt ist, falls Sie dies vertreten können, am einfachsten durch Gehaltsaufbesserung zu lösen. Falls Sie nicht der Ansicht sind, dass eine Gehaltserhöhung angebracht ist, dann wird ein klärendes Gespräch mit dem betreffenden Mitarbeiter sicher zur Einsicht führen. Dieses Gespräch wird vermutlich eine *Standortbestimmung* beinhalten, die transparent macht, wo der Mitarbeiter derzeit steht und welche Aussichten in Richtung Karriere er noch vor sich hat. Sollten ihm Ihre Argumente nicht einleuchten, dann können Sie ruhig über Konsequenzen nachdenken. Es kann ja sein, dass der Mitarbeiter mit seinen »Ansprüchen« nicht in Ihre Abteilung passt.

Vielleicht ist der Mitarbeiter aber auch nur enttäuscht, dass er weniger bekommt als der Kollege, der (vermeintlich) genau die gleiche Arbeit macht wie der Fordernde. Hier ist Aufklärung dringend notwendig, sonst wird durch den weiter schwelenden Verdacht einer ungerechten Behandlung Demotivation zum Dauerbrenner werden.

Urlaubsplanung

Hier mischen Sie sich erst ein, wenn das Problem tatsächlich nicht unter den Kollegen zu lösen ist. Die »Erstquerelen«, die an Ihre Ohren dringen, können Sie getrost ignorieren. Meistens gibt es in jeder Gruppe ein »Selbstregulativ«, das dafür sorgt, dass konkret anstehende »Probleme« gelöst werden.

Sollten Sie in die Diskussion offiziell einbezogen werden, dann versuchen Sie bitte den »Affen« wieder zurückzudelegieren. Lassen Sie sich den Fall schildern, stellen Sie danach so viele Verständnisfragen wie möglich. Zum Beispiel: Wann kann wer fahren? Wer kann wann nicht? Wann sind wir unterbesetzt? Wer kann Vertretung machen, wenn A und

Erklären Sie Ihren Mitarbeiten, wie deren Gehaltshöhe zustande kommt!

Tragfähige
Lösungen ent-
stehen nicht
durch Direktiven
von oben,
sondern durch
Einbeziehen aller
Beteiligten

B fahren? Oft ergeben sich aus den Antworten bereits Lösungsansätze. Bedenken Sie: Wenn Sie eine Chef-Entscheidung treffen, treten Sie damit garantiert jemandem auf die Füße. Bringen Sie lieber Ihre Crew mit sanftem Nachdruck dazu, die Frage selbst zu lösen. Es sei denn, Sie haben bestimmte Präferenzen, wann wer da sein muss (diese hätten allerdings bereits am Anfang der Diskussion bekannt sein müssen …). Und noch eine Bitte zum Schluss: Lassen Sie sich nicht aus Zeitmangel zu einem Satz hinreißen wie: »Ich bin doch nicht Ihr Kindermädchen!«

Einen faulen Kollegen mittragen

Sobald sich bei Ihnen jemand beschwert, dann hören Sie sich die Geschichte ruhig und verständnisvoll an. Reagieren Sie nicht mit Bewertungen, beziehen Sie keine Stellung. Fragen Sie, welche Maßnahmen schon ergriffen wurden, um diesen Missstand abzustellen. Suchen Sie gemeinsam mit dem Betroffenen nach weiteren Ideen, die er umsetzen kann, um dem Faulen Beine zu machen. Der Mitarbeiter kann sich bei Ihnen wieder melden, falls die Maßnahmen nicht gegriffen haben.

Sollten Sie zu der Überzeugung kommen, dass das Problem den Firmenerfolg ernsthaft gefährdet, dann machen Sie sich unbedingt selbst ein Bild. Verlassen Sie sich nicht ausschließlich auf Fremdinformationen. Dadurch geraten Sie nämlich schnell in den Verdacht, nicht objektiv zu sein. Sobald Sie sich durch eigene Informationen einen Eindruck verschafft haben, ergreifen Sie konkrete Maßnahmen.

Krieg zwischen zwei Abteilungen

Hier eignet sich die Problemlösungskonferenz bestens. Meistens liegt das Problem darin, dass zum Beispiel die Technik dem Verkauf vorwirft, keine Ahnung zu haben und durch falsche Angaben beim Kunden die Technik in Schwierigkeiten zu bringen. Der Vertrieb wiederum wirft der Technik vor, keine Ahnung von den Bedürfnissen des Kunden zu haben und total an den Bedürfnissen der Kunden vorbei zu reden/entwickeln.

Wenn Sie die gegenseitigen Vorwürfe analysieren, merken Sie sehr schnell, dass es sich (wieder einmal) um das alte Lied handelt: Die bei-

Maßnahmen bei
Überforderung:
Leistungsmög-
lichkeit und
-fähigkeit ab-
klären, gemein-
sam Lösungen
erarbeiten

den Abteilungen nehmen sich gegenseitig in ihrer Tätigkeit nicht sonderlich ernst. Dadurch hören sie sich gegenseitig nicht genau zu und
schon entstehen Informationsdefizite und gravierende Kommunika-
tionsprobleme. Die Problemlösungskonferenz zwingt zur Objektivität
und dadurch zu wertfreien Lösungsvorschlägen per Metaplan-Karte.
Beide Abteilungen können nur profitieren!

Einen Kollegen mit Alkoholproblemen decken

Alkoholabhängigkeit ist eine Krankheit und kein Kavaliersdelikt. Den
betroffenen Menschen muss geholfen werden, damit sie nicht sich
selbst und andere Kollegen am Arbeitsplatz gefährden. Suchtkranke
sind nicht mit »normalen« Maßstäben zu messen. Daher müssen Sie zu
klaren Konsequenzen greifen, zum Beispiel Klinikaufenthalt oder Kündigung.

Berücksichtigen Sie aber, dass nach fünf Jahren des Duldens diesen
Mitarbeitern nicht mehr gekündigt werden kann. Informieren Sie sich
unbedingt über die gesetzlichen Notwendigkeiten. Kurz: Betreiben
Sie »gerichtsfestes« Konfliktmanagement. Die nötigen Informationen
erhalten Sie in Seminaren oder von Ihrer Rechtsabteilung.

Überforderung am Arbeitsplatz

Überprüfen Sie die Leistungsmöglichkeit und die Leistungsfähigkeit
des Mitarbeiters. Bitte gehen Sie nicht automatisch davon aus, dass er
»von Haus aus« eine reduzierte Leistungsbereitschaft mitbringt. Das
kommt einer Unterstellung gleich, die nur die Stimmung verschlechtert, keineswegs aber Lösungsansätze aufzeigt. Erst wenn Sie genau
wissen, woran die Leistungsminderung liegt, können Sie gemeinsam
mit dem Mitarbeiter Verbesserungen erarbeiten.

Unterforderung am Arbeitsplatz

Überprüfen Sie die Qualifikation des Mitarbeiters und schaffen Sie
neue »Herausforderungen«. Ansonsten greifen die gleichen Maßnahmen wie bei »Überforderung«.

Unterstellen Sie
nicht, dass der
Mitarbeiter
nichts leisten
kann oder will!

Konflikte allein
per Verstand
lösen zu wollen
führt selten
zu tragfähigen
Lösungen

Wenn Sie alle diese (und noch viel mehr) Gespräche führen wollen, dann müssen Sie delegieren, sonst bleibt zu viel unerledigt auf Ihrem Schreibtisch liegen. Merken Sie etwas? Spätestens jetzt wird ersichtlich, dass 60 Prozent soziale Management-Tätigkeiten nicht zu hoch gegriffen sind.

9.3 Gefühl und Verstand: beides zählt

FALLBEISPIEL

Stellen Sie sich vor, Sie wären ein Mann und säßen in einer »moralisch verwerflichen« Falle: Sie lieben zwei Frauen. Die Gesellschaft lässt dieses Modell bei uns nicht zu und Sie wissen, Sie müssen sich entscheiden. Wie gehen Sie vor?

Zunächst einmal versuchen Sie es mit Vernunft. Sie sagen sich: »So geht das nicht. Ich entscheide mich für meine Ehefrau, schließlich haben wir Kinder. Und überhaupt: die gemeinsamen Jahre, das Haus, die Freunde ...« Prima. Guter Ansatz. Nur leider nicht tragfähig. Denn heimlich schleicht sich die Sehnsucht nach der »Unerlaubten« wieder in Ihr Gefühlsleben und macht Ihr ganzes »Vernunftsvorhaben« zunichte.

Jetzt wählen Sie ein anderes Modell zur Entscheidungshilfe: Sie nehmen einen Zettel zur Hand und notieren alle Vorzüge Ihrer Frau und alle Pluspunkte Ihrer Geliebten. Das Gleiche machen Sie mit den »Nachteilen« beider Personen. Am Ende ermitteln Sie das jeweilige Ergebnis nach Punkten. Wenn Sie jetzt Glück haben und sich keine Patt-Situation ergeben hat, müsste doch alles klar sein, oder?

Ein »klassischer«
Konflikt: Ehefrau
oder Geliebte?

Warum ist es nicht so einfach? Weil der Mensch eben nicht nur aus *Vernunft* (linke Hirnhälfte), sondern zu einem hohen Prozentsatz aus

Gefühl (Beziehungsebene) besteht. Das Problem muss also einen anderen Namen bekommen: nicht Ehefrau gegen Geliebte, sondern Gefühl gegen Vernunft. *Dazu* brauchen Sie Ihren Verstand: um das reale Problem erkennen und ihm einen Namen geben zu können.

Konfliktlösung
per »Waag-
schalen-Modell«:
Verstand *und*
Gefühl wirken
mit

Das »Waagschalen-Modell«

Nachdem das Problem »getauft« ist, können Sie versuchen, es zu lösen: Sie werfen dazu beide Faktoren (Ihres Seins), Gefühl *und* Verstand, in die Waagschale. Aber *nicht* so, dass links nur das Gefühl hineingelegt wird und in die rechte Waagschale nur der Verstand. Denn egal, was Sie mit dem Verstand zu lösen trachten: Wird diese Lösung vom Gefühl nicht mitgetragen, ist die Entscheidung wertlos. Da können Sie in die Waagschale »Vernunft« noch so viel packen – die Gefühlswaagschale füllt sich erstaunlicherweise wie von selbst und hält Ihre Waage somit immer im Gleichgewicht.

Was Sie brauchen, um zu einer tragfähigen Lösung zu kommen, ist das Ungleichgewicht der Waagschalen. Packen Sie also auf beide Waagschalen Gefühl und Vernunft und warten Sie, bis die Waage von selbst in eine Richtung ausschlägt. Dazu allerdings brauchen Sie Geduld.

Das Ganze noch einmal bildlich dargestellt:

Nicht links Gefühl und rechts Verstand …	GGGGG	VVVVV

… sondern in beide Schalen Gefühl und Verstand	GVGVG	VGVGV
	Geliebte	Ehefrau

… und dann reifen lassen

So können Sie sicher sein, dass Ihre Lösungen tragfähig sind und nicht eine aus Zeitnot (Zeit ist Geld!) entstandene Schnellschusslösung darstellen.

Vermeiden Sie
in jedem Fall
Schnellschuss-
lösungen!

Wichtig vorab:
die Art des
Konflikts zu
klassifizieren

Dem Problem einen Namen geben

Sie haben gesehen: Die exakte Bezeichnung für den Konflikt oder das Problem zu finden ist viel entscheidender als die Geschwindigkeit, in der das Problem gelöst wird. Geben Sie »dem Kind« also stets einen Namen. Im Beispiel oben lautete der Konflikt »Gefühl kontra Verstand«. Wie Konflikte darüber hinaus noch klassifiziert werden können, zeigen die folgenden Beispiele:

Ein *intrapersoneller Konflikt* liegt vor, wenn sich das Entweder – Oder in einer einzigen Person abspielt:

▶ Ein Mitarbeiter möchte auf eine Weiterbildung, kann sich aber nicht zwischen den Seminaren »Rhetorik« und »Finanz- und Rechnungswesen« entscheiden. Beide sind interessant und wichtig für seine Laufbahn.
Dieser Konflikt könnte »*Erwünscht – Erwünscht*« heißen, denn die Entscheidung muss getroffen werden zwischen zwei gleich stark gewünschten Ereignissen.

▶ Sie stecken im »*Erwünscht – Vermeiden*«-Konflikt, wenn Sie einen Querluanten entlassen wollen, um endlich Ruhe im Team zu haben, Sie aber befürchten, dann aus Personalmangel den Top-Service nicht mehr bieten zu können.
Hier liegt die Entscheidung zwischen einem erwünschten und einem gleich starken unerwünschten Ereignis.

▶ Der »*Vermeiden – Vermeiden*«-Konflikt liegt vor, wenn Sie sich zwischen zwei gleichwertigen unerwünschten Ereignissen entscheiden müssen: Entweder sie nehmen die beschwerliche Autofahrt in Kauf oder die hohen Flugkosten.

Sie sehen, vermeintliche Entscheidungsschwächen haben Namen. Vielleicht führt das bei der Konfliktlösung zu mehr Einsicht und Geduld.

Intrapersonelle
Konflikte spielen
sich in ein
und derselben
Person ab

WISSENSWERT

Entscheiden heißt Verzichten. Deshalb fällt uns die Entscheidung oft so schwer. Denn wer möchte schon gerne verzichten?

Der *interpersonale Konflikt* wird auch »sozialer« oder »äußerer Konflikt« genannt, da er sich zwischen einzelnen Personen, Gruppen oder gar Nationen abspielt.

Regeln für Konfliktgespräche

Hier einige wichtige »Basics«:

▶ Es spricht immer nur einer.
▶ Den Sprecher stets ausreden lassen.
▶ Weitere Wortmeldungen sind erst dann erlaubt, wenn der Sprecher fertig ist.
▶ Die Redebeiträge auf etwa 30 Sekunden begrenzen.
▶ Killerphrasen, Beleidigungen etc. werden nicht geduldet.
▶ Keine Gegenbehauptungen aufstellen.
▶ Kritik nur in Form von Ich-Aussagen vorbringen.
   Wichtig zu wissen:
▶ Wer dem anderen nur logisch kontert, macht den Wütenden noch wütender.
▶ Wer sich verteidigt, ruft neue Angriffe hervor.

9.4 Oft diffizil: das Rückkehr- bzw. Fehlzeiten-Gespräch

Wir haben jetzt schon oft darüber gesprochen, dass ein offenes Betriebsklima Ängste beseitigen kann und damit eine höhere Eigenmotivation erzielt wird. Wie wäre es, wenn Sie jetzt die Chance ergreifen und die ohnehin anstehenden Veränderungen (bedingt durch Ihre neue Rolle als Chef) um das Rückkehr- bzw. Fehlzeiten-Gespräch erweitern?

Das heißt, Sie führen ein Gespräch unter vier Augen mit *jedem* Mitarbeiter, der nach einer Krankheit wieder ins Unternehmen zurückkehrt bzw. bei dem sich Fehlzeiten häufen. Und zwar deshalb mit jedem, damit leichter akzeptiert wird, dass es eine Regel ist und nicht eine Ausnahme bei besonderen Krankheiten oder Kollegen.

Auch bei Konfliktgesprächen unabdingbar: partnerbezogene, faire Kommunikation

Sicher keine schlechte Idee: die Einführung von Rückkehrgesprächen

Schwierige Gespräche lassen sich durch eine positive Gesprächsatmosphäre »entspannen«

Gesprächsziele

Je nachdem, ob es um den »Normalfall« oder um häufige Fehlzeiten geht, sehen die Ziele anders aus:

▶ *Generelles Ziel:* Der Mitarbeiter soll wissen, dass er vermisst wurde, wie wichtig seine Anwesenheit am Arbeitsplatz ist und dass Sie – der Chef – sich freuen, ihn wieder im Team zu haben.

▶ *Bei Fehlzeiten:* Hier geht es um Ursachenforschung und um mögliche Wege, die Fehlzeiten zu reduzieren.

▶ *Bei Rückkehr:* Bestehen noch gesundheitliche Einschränkungen, die Rücksichtnahme seitens der Kollegen oder der Betriebsleitung erfordern?

▶ Je nachdem, wie das Gespräch verläuft, erfahren Sie auch, ob im Unternehmen negative Bedingungen herrschen, die eventuell mit zur Erkrankung des Mitarbeiters beigetragen haben, wie Mobbing, zu hoher Arbeitsdruck, Demotivation etc.

Gesprächsverlauf

Beginnen Sie das Gespräch mit einer freundlichen Begrüßung, in der auch *nonverbal* erkennbar ist, dass Sie dem Mitarbeiter nichts Böses wollen. Fragen Sie zum Beispiel: »Wie geht's, alles wieder in Ordnung? Oder sind noch gesundheitliche Einschränkungen vorhanden?«

Auch wenn Sie der Ansicht sind, dass in diesem speziellen Fall nicht Viren oder Bakterien die Ursache für die Krankmeldung waren, achten Sie sorgfältig darauf, dass sich nicht versehentlich Bewertungen einschleichen, die Rückschlüsse darauf zulassen, dass Sie im Innersten der Meinung sind: Hier hat jemand krankgefeiert.

Auch sollte die Diagnose des Arztes nicht angezweifelt und keine Vermutungen oder Unterstellungen über die Hintergründe der Krankheit angestellt werden, nach dem Motto: »Kein Wunder, dass Sie krank geworden sind, Sie sollten mal einen Disco-Besuch auslassen und sich richtig ausschlafen.«

Vergessen Sie nicht, die Ziele des Gesprächs festzulegen!

Wichtig ist vor allem, dass das Gespräch in einer entspannten Atmosphäre stattfindet, denn nur dann erfahren Sie mögliche Hintergründe für häufige oder lang andauernde Fehlzeiten, wie eventuelle schwerwiegende familiäre Belastungen, beginnende innere Kündigung, schlechte Luft am Arbeitsplatz, zu hohe Lärmbelästigung etc.

Ist das Gesprächsklima gut, dann können Sie die Gelegenheit nutzen, um Ihre eigenen Beobachtungen zu äußern: wie Sie zum Beispiel die Zusammenarbeit im Team sehen, wie die Bewältigung der Arbeitsaufgabe auf Sie wirkt oder wie Ihr Eindruck vom Umgang des Mitarbeiters mit den Kollegen ist.

Hier kann sich ein fruchtbarer Dialog entwickeln, der durch weiterführende Fragen sogar zu wunderbaren Lösungsansätzen führt und dem Kollegen eventuell die Freude an der Arbeit wiederbringt oder erneut bestätigt. So könnten zum Beispiel Vereinbarungen getroffen werden über

▶ veränderte Arbeitsbedingungen,
▶ individuelle Arbeitszeiten,
▶ Weiterbildung,
▶ Arbeitssicherheit,
▶ neue Aufgabenstellung.

Ein gutes, offenes Gesprächsklima führt zu Vertrauensbildung und damit zu tragfähigen Lösungsansätzen

Achtung, Gefahr: Andere Mitarbeiter könnten sich aufgrund der besonderen Beachtung des »Rückkehrers« benachteiligt fühlen. Dieses Problem können Sie umschiffen, indem Sie die Gründe für die Maßnahme offen darlegen.

Und achten Sie darauf, dass die soeben geschilderten Gesprächsergebnisse auch mit »gesunden« Mitarbeitern erzielt werden. Nicht dass sich bei Ihrem Team der Gedanke einschleicht: »Ich muss erst krank werden, um eine Chance auf gewünschte Veränderung zu bekommen.«

Regeln für Fehlzeiten-Gespräche

▶ Notieren Sie sich alles, was Sie in diesem Gespräch ansprechen wollen. Achten Sie auf »charakterliche« Besonderheiten des Mitarbeiters.
▶ Laden Sie den Mitarbeiter möglichst am Tag seiner Rückkehr zu diesem Gespräch ein. Empfangen Sie ihn herzlich an seinem Arbeitsplatz und machen Sie gleich einen Termin mit ihm aus.

Positiver Nebeneffekt: Sie können auch andere Dinge ansprechen

Wichtig im Gespräch: Selbstdarstellung ermöglichen, Mitarbeiterargumente und -gefühle ernst nehmen

▶ Reservieren Sie genügend Zeit, auch wenn das Gespräch dann nur fünf Minuten dauert.

▶ Schaffen Sie eine entspannte, störungsfreie Atmosphäre.

▶ Achten Sie auf das Bedürfnis des Mitarbeiters zur Selbstdarstellung. Erbitten Sie sogar seine Darstellung. Bleiben Sie auch bei unterschiedlichen Sichtweisen ruhig und maßvoll.

▶ Denken Sie immer daran: Die Gefühle Ihrer Mitarbeiter sind »harte Tatsachen«, die Sie berücksichtigen müssen.

▶ Behalten Sie Ihr Gesprächsziel stets im Auge (»sei altrozentriert«): zum Beispiel »Reduzieren der Fehlzeiten«.

▶ Schaffen Sie einen positiven Gesprächsausklang.

Die Kunst der fairen Konfliktlösung

So lösen Sie effizient Konflikte

Im Folgenden sind die Kernprobleme auf den Punkt gebracht. Entscheiden Sie, wo Sie aktiv werden müssen, und setzen Sie die vorgeschlagenen Maßnahmen um.

1. In nächster Zeit steht viel Arbeit und damit viele Überstunden an. Als verantwortungsvoller Vorgesetzter wollen Sie die »Last« auf alle Schultern verteilen. Doch ein Mitarbeiter blockt ab. Argument: Die Familie hat Vorrang.

Kennen Sie diesen Konflikt?

☐ Nein

☐ Ja, und zwar in Bezug auf den Mitarbeiter

_____

_____

Vorschläge zur Lösung des Problems:

▶ Sich bewusst sein: Der Konflikt wird verschärft und die Lösung erschwert, da es sich hier – vor allem aus Sicht des Mitarbeiters – um einen Wertekonflikt handelt: Der Wert »Familie« steht über dem Wert »Arbeit«. Vonseiten des Vorgesetzten ist es zugleich ein Bedürfniskonflikt: der Wunsch, die Arbeit erledigt zu bekommen, kontra Freizeitbedürfnis des Mitarbeiters

▶ Möglich ist nur eine Art Kompromiss. Falls ein Appell an die Fairness des Mitarbeiters gegenüber seinen Kollegen nichts bringt, hilft nur ein »Deal«: Überstunden für einen überschaubaren Zeitraum anordnen und dafür einen späteren Freizeitausgleich in Aussicht stellen

Siehe dazu:

▶ Seite 187 – 188

Beginn der Maßnahmen:	umgehend Gespräch mit Mitarbeiter
Erfolgskontrolle:	nach 2 Wochen »Hochphase«

Ergebnis: _____

Mögliche Maßnahmen bei anfänglichem Misserfolg:

▶ Erneutes »Appellgespräch« mit Mitarbeiter, nach einer Woche Erfolgskontrolle

Seite 204 ◀ ▶ Weiterführende Fachliteratur zum Thema Konfliktlösung lesen. Mein Buchtipp: H. Scheerer, 1989

▶ Schulungen zum Thema Konfliktlösung besuchen. Das Seminar sollte vor allem den Aspekt »Konfliktsteuerung« behandeln. (Um den für Sie richtigen Trainer zu finden, wenden Sie sich am besten an Ihre Personalabteilung oder fragen nach anderweitigen Empfehlungen.)

Seite 44 ◀ ▶ Einzig verbleibende Möglichkeit bei Scheitern: vorübergehend (!) zum autoritären Führungsstil greifen und direktive Anweisung geben (sprich Weisungsbefugnis ausschöpfen)

2. Sie übertragen einem Ihrer Mitarbeiter ein neues Aufgabengebiet. Während etlicher Wochen gewähren Sie ihm deshalb Unterstützung, wann immer es Ihre Zeit erlaubt. Und trotzdem fällt die Zwischenbilanz negativ aus: Er ist anscheinend überfordert.

Kennen Sie diesen Fall?

☐ Nein

☐   Ja, und zwar im Hinblick auf den Mitarbeiter

_____

_____

Vorschläge zur Lösung des Problems:

▶ Einzelgespräch führen

▶ Ursachenforschung betreiben: mangelnde
   Leistungsbereitschaft, -möglichkeit oder -fähigkeit? ▶Seite 138 – 139

▶ Gemeinsam nach Lösungen suchen: regelmäßigere
   Kurzbesprechungen, intensivieren der Rückmeldung/
   des Feedbacks, gezielte Fortbildung

Beginn der Maßnahmen: ab sofort

Erfolgskontrolle: nach 4 Wochen

Ergebnis: _____

Mögliche Maßnahmen bei anfänglichem Misserfolg:

▶ Vorübergehend (!) verstärkt zu Mitteln des autoritären
   Führungsstils greifen, wie Kontrolle, konkrete Anleitung/
   Anweisung etc. ▶Seite 43 – 44

▶ Bei Scheitern: dem Mitarbeiter einen »Unterstützer« zuteilen,
   Aufsplitten der Aufgabe; notfalls Umverteilung auf kompe-
   tenteren Mitarbeiter

▶ Weiterführende Fachliteratur zum Thema Konfliktlösung
   lesen. Mein Buchtipp: Kälin/Müri, 1993 ▶Seite 204

▶ Schulungen zum Thema Konfliktlösung besuchen. Das
   Seminar sollte vor allem den Aspekt »Persönlichkeitsent-
   wicklung« behandeln und sollte mit der Methode des
   Mentaltrainings arbeiten. (Um den für Sie richtigen Trainer

zu finden, wenden Sie sich am besten an Ihre Personalabteilung oder fragen nach anderweitigen Empfehlungen.)

3. Ihre Abteilung arbeitet hoch motiviert. Lediglich ein Mitarbeiter glänzt häufiger durch Abwesenheit: Er fehlt regelmäßig an
einzelnen Tagen oder wochenweise. Es wird Zeit, endlich ein Fehlzeiten-Gespräch zu führen.

Haben Sie einen solchen Mitarbeiter im Team?

☐ Nein

☐ Ja, und zwar den Mitarbeiter

_____

_____

Vorschläge zur Lösung des Problems:

Seite 195 ▶ Konfliktgespräch führen

Seite 195 – 197 ▶ Ursachenforschung betreiben: private Probleme, innere
Kündigung aufgrund von Demotivation oder Überforderung,
Unterforderung?

▶ Gemeinsam nach Lösungen suchen: Kurzurlaub, Fortbildung,
neue Aufgaben?

Beginn der Maßnahmen: binnen 2 Wochen

Erfolgskontrolle: nach 4 Wochen

Ergebnis: _____

Mögliche Maßnahmen bei anfänglichem Misserfolg:

▶ Erneutes Gespräch: Worin sieht der Mitarbeiter die Ursache fürs Scheitern? (Selbstdarstellung ohne Wertung ermöglichen)   ▶Seite 81

▶ Vertrauensgremium wie Betriebsrat hinzuziehen

▶ Schulungen zum Thema Konfliktlösung besuchen. (Um den für Sie richtigen Trainer zu finden, wenden Sie sich am besten an Ihre Personalabteilung oder fragen nach anderweitigen Empfehlungen.)

▶ Letzte Wahl: arbeitsrechtliche Schritte erwägen

Wenn Sie sämtliche Aktionspläne der zurückliegenden neun Kapitel zielorientiert in die Tat umgesetzt haben, dürften die möglichen Kernprobleme, die aus Ihrer neuen Führungsverantwortung erwachsen, erfolgreich gelöst sein. Und Sie sind Ihrem Ziel, Ihr Team kooperativ und demokratisch zu führen, einen erheblichen Schritt näher gekommen. Herzlichen Glückwunsch!

Anhang

Weiterführende Literatur

Klaus Antons: Praxis der Gruppendynamik (Hogrefe 1974)

Joern J. Bambeck: Soft Power (Langen-Müller/Herbig 1990)

Joern J. Bambeck/Anne Wolters: Jeder kann gewinnen
    (Langen-Müller/Herbig 1990)

Claudia Bepko/Jo-Ann Krestan: Das Superfrauen Syndrom
    (Krüger 1991)

Michael Birkenbihl: Rollenspiele schnell trainiert (mvg 1992)

Michael Birkenbihl: Train the Trainer (mi 1990)

Vera F. Birkenbihl: Kommunikationstraining (mvg 1989)

Kenneth Blanchard/William Oncken, Jr./Hal Burrows: Der Minuten-
    manager und der Klammeraffe (Rowohlt 1990)

Siegfried Brockert: Der beste Chef (Heyne 1986)

Gerd Gerken: Management by Love (Econ 1991)

Thomas Gordon: Managerkonferenz (Heyne, 1989)

Gisela Hagemann: Die hohe Schule der Motivation (mi 1990)

Karl Kälin/Peter Müri (Hrsg.): Führen mit Kopf und Herz
    (Ott Verlag 1990)

Karl Kälin/Peter Müri (Hrsg.): Sich und andere führen
    (Ott Verlag 1993)

Rupert Lay: Dialektik für Manager (Langen-Müller/Herbig 1987)

Konrad Lorenz: Er redete mit dem Vieh, den Vögeln und den Fischen
    (dtv 1964)

Alan Loy McGinnes: Wie Sie das Engagement Ihrer Mitarbeiter
    gewinnen (pal 1988)

Alexandra Mohl: Auch ohne dass ein Prinz dich küsst
    (Junfermann 1994)

Winried Panse/Wolfgang Stegmann: Kostenfaktor Angst (mi 1996)

Harald Scheerer: Erfolgreich führen durch überzeugen
    (Langen-Müller/Herbig 1989)

Roland Spinola: Das Hirn-Dominanz-Instrument (Gabal Verlag 1988)

Reinhard K. Sprenger: Mythos Motivation (Campus 1992)

Deborah Tannen: Job Talk (Kabel 1995)

Albert Thiele: Die Kunst zu überzeugen (VDI 1990)

Paul Watzlawick/Janet H. Beavin/Don D. Jackson: Menschliche
    Kommunikation (Hans Huber Vlg. 1990)

Register

Im FALKEN Verlag sind in der Reihe »Manager Training«
bisher folgende Titel erschienen:

Das Coaching-Programm für Ihre Karriere (2537)
Mut zur Auseinandersetzung: Konfliktgespräche (7469)
Bewerbungskonzepte für Führungskräfte (7465)

Sie sind überall erhältlich, wo es Bücher gibt:

Sie finden uns im Internet: **www.falken.de**

Der Text dieses Buches entspricht den Regeln der
neuen deutschen Rechtschreibung.

Dieses Buch wurde auf chlorfrei gebleichtem und
säurefreiem Papier gedruckt.

ISBN 3 8068 7466 2

© 1999 by FALKEN Verlag, 65527 Niedernhausen/Ts.

Umschlaggestaltung: Rohwedder-Becker, Büro für Konzept
und Gestaltung, Mainz
Titelbild: BAVARIA Bildagentur/VCL, Gauting
Redaktion: Karin Schulze-Langendorff, Hünstetten-Limbach
Koordination: Herbert Habicht
Layout: Lohse Design, Büttelborn

Die Ratschläge in diesem Buch sind von Autorin und Verlag sorgfältig
erwogen und geprüft, dennoch kann eine Garantie nicht übernommen
werden. Eine Haftung der Autorin bzw. des Verlages und seiner Beauftragten
für Personen-, Sach- und Vermögensschäden ist ausgeschlossen.

Satz: Lohse Design, Büttelborn
Druck: Ludwig Auer GmbH, Donauwörth

817 2635 4453 6271